@Orthophodrey

Mon bébé ne mange pas bien

De la naissance à 6 mois

Des conseils, des massages, des comptines pour aider votre enfant à manger

DBS

De Boeck Supérieur
5, allée de la Deuxième Division blindée
75015 Paris

Illustrations d'Anouk Darondeau

Dépôt légal :
Bibliothèque Nationale de France : janvier 2025
Bibliothèque Royale de Belgique : 2025/13647/013
ISBN : 978-2-8073-6357-1

Sommaire

Les compléments numériques

Cet ouvrage contient des compléments numériques accessibles via des QR codes ou des liens Internet.

Vous pouvez les découvrir en scannant ces QR codes à l'aide de l'appareil photo de votre smartphone ou en entrant ces adresses web dans votre navigateur Internet.

L'auteur et l'éditeur attirent l'attention du lecteur sur le fait que ce livre ne se substitue pas à un avis médical. Chaque bébé est unique : c'est pourquoi aucun conseil d'ordre général ne peut remplacer une consultation médicale individuelle.

Les repères chronologiques donnés dans ce livre s'entendent en âge corrigé pour les enfants nés prématurément (par exemple, si votre bébé est né un mois avant le terme, considérez qu'à ses 6 mois de vie par exemple, il a 5 mois en âge corrigé).

Qui suis-je ?

Je suis Audrey, orthophoniste depuis une quinzaine d'années. Dès le début de mes études, j'ai su que ce qui m'intéressait le plus était un organe fascinant : la langue.

Quand on parle de la langue, on pense tout de suite à son rôle dans la parole ou l'alimentation. Mais savez-vous qu'elle est aussi impliquée dans ce qu'on appelle les fonctions orofaciales ? Mmm… De quoi s'agit-il ?? Pas de panique, on va les découvrir ensemble, et vous allez voir que ces fonctions sont essentielles dans l'alimentation de l'enfant : leur développement physiologique harmonieux conditionne le bon déroulement des étapes alimentaires.

Avant d'entrer dans le vif du sujet, laissez-moi vous parler un peu de mon parcours.

Mon intérêt pour la langue est apparu très tôt : j'ai choisi de réaliser mon mémoire de fin d'études en orthophonie sur les chirurgies linguales carcinologiques chez l'adulte. Puis, mon diplôme d'orthophoniste en poche, j'ai exercé à mi-temps tout en continuant un cursus universitaire en filière recherche auprès de chercheurs en phonétique, cognition et biomécanique linguale. Ma soif d'en apprendre plus sur le fonctionnement de la langue m'a conduite jusqu'à un doctorat puis un postdoctorat en sciences cognitives. Mes travaux de recherche chez l'adulte m'ont ensuite donné envie de revenir aux bases biologiques du développement de la motricité de la face et de l'intérieur de la bouche et cela m'a amenée à m'intéresser au nourrisson.

L'expérience de la maternité et mon activité bénévole auprès d'une association de soutien à l'allaitement m'ont finalement fait entrer dans un monde que je ne suis pas près de délaisser : celui de la périnatalité.

Aujourd'hui, je partage mon activité professionnelle entre ma patientèle, composée en grande majorité de bébés entre 0 et 6 mois, mon travail de formatrice et la création de contenus pour les réseaux sociaux.

Ce livre est issu des observations que j'ai pu faire dans ma pratique clinique et lors de mes recherches académiques, mais aussi du savoir théorique acquis au cours de mes lectures et lors des formations que j'ai suivies.

Il s'adresse aux parents avant tout, mais également aux professionnels de la petite enfance, de la pédiatrie et de la périnatalité. J'espère qu'il vous permettra de développer vos connaissances sur le développement des fonctions orofaciales entre 0 et 6 mois et de comprendre leur rôle au sein de l'alimentation.

Une dernière précision : ce livre n'a pas vocation à vous dire comment faire avec votre bébé car vous, parents, en êtes les seuls experts. Il vise plutôt à vous permettre de repérer les signes d'un problème en lien avec l'alimentation qui devrait être traité par un professionnel de santé, et d'aider au maximum votre enfant dès maintenant, avec des conseils pratiques.

J'ai écrit ce livre pour communiquer ces informations essentielles à un large public. J'en ai profité pour vulgariser du mieux que possible mes pensées débordantes, lesquelles ne peuvent aujourd'hui se limiter à mon compte Instagram @Orthophodrey !

Merci de la confiance que vous me témoignez.

Audrey,

Orthophoniste, PhD

Formatrice et créatrice de contenu

CHAPITRE 1

Qu'est-ce qui cloche dans l'alimentation de mon bébé ?

Les premiers mois de notre bébé sont souvent les plus bouleversants et les plus marquants de nos vies : tout est découverte, tout est nouveau, chaque expérience est une première fois. Et cela est valable pour le bébé, mais aussi pour nous. C'est une aventure très intense, et comme toute aventure, elle est remplie de moments de joie, d'euphorie, de curiosité… mais aussi, parfois, souvent, d'inquiétude, de stress, voire de détresse.

Mon bébé se réveille très souvent. Est-ce qu'il dort suffisamment ? Tiens, il ne s'est pas réveillé depuis sa dernière tétée, est-ce qu'il ne dort pas trop ? J'ai l'impression que mon bébé pleure tout le temps, qu'il ne se sent pas bien, mais comment savoir ce qui le gêne ?

Nous, parents, sommes inévitablement assaillis d'interrogations plus ou moins angoissantes. Et parmi les questions qui nous taraudent le plus figurent, en bonne place sur le podium, celles liées à la bonne alimentation de notre enfant. Quoi de plus logique ? Nous voulons que notre enfant grandisse bien, en bonne santé. Alors nous surveillons scrupuleusement sa courbe de poids, nous vérifions régulièrement l'heure pour savoir s'il ne faut pas lui proposer le sein, le biberon ou pour les plus grands une compote ou un fruit, nous nous réjouissons en regardant son air repu après une tétée…

Alors, quand les choses ne se passent pas bien, on s'interroge, on s'inquiète, on s'épuise. D'autant plus que l'alimentation d'un bébé n'est pas qu'une question de nécessité physiologique, c'est aussi, pour lui, une expérience sensorielle, et pour toute la famille, un moment plein d'émotions et d'affection.

C'est justement de cela que nous allons parler dans ce livre : de physiologie (en particulier du visage et de l'intérieur de la bouche), mais aussi de sensorialité et d'émotion.

Mais avant d'entrer dans le vif du sujet, faisons un peu le point sur le développement du nouveau-né.

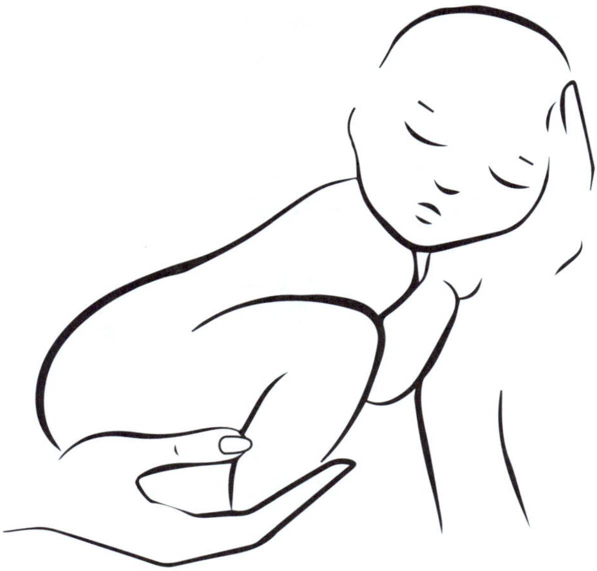

Premiers gestes, premiers réflexes

Le développement de l'intérieur de la bouche et du visage (ce qu'on appelle scientifiquement le développement orofacial) commence *in utero*. Le précurseur de la bouche et du nez (le stomodeum) se met en place dans les 2 premiers mois de vie embryonnaire. Vers 12 semaines de grossesse, le fœtus est capable de réaliser des mouvements de succion et de déglutition du liquide amniotique. Il est aussi déjà capable de porter ses mains à sa bouche, vivant ainsi ses premières expériences sensorielles et motrices.

Tout cela est rendu possible par une pléiade de réflexes dits **archaïques**. Ces réactions automatiques et involontaires sont les premières manifestations de la motricité du fœtus. C'est grâce à elles que le bébé pourra se mouvoir (réflexe de reptation), s'agripper (réflexes d'agrippement) et… se nourrir !

Dès la naissance, l'alimentation mobilise les réflexes du visage, comme le réflexe de succion. Le réflexe de succion fait partie des réflexes d'agrippement, comme celui de la main ou du pied : il permet la prise du sein ou du biberon avec la bouche.

Ces réflexes sont testés dès les premières heures de vie du bébé en maternité.

La présence de ces réflexes conditionne le bon déroulement du développement moteur, mais aussi cognitif, neurologique et émotionnel de l'enfant.

La plupart des réflexes disparaissent avec le temps (au cours de la première année de vie en général, voire à l'âge de 3 ans selon les réflexes). On dit qu'ils s'intègrent. Leur intégration conditionne le succès du mouvement volontaire associé. Par exemple, la marche nécessite l'intégration du réflexe d'agrippement plantaire tandis qu'un geste comme attraper un objet avec la main nécessite l'intégration du réflexe d'agrippement palmaire.

Les réflexes archaïques doivent être exercés quotidiennement durant les premiers mois de vie sans pour autant être surstimulés.

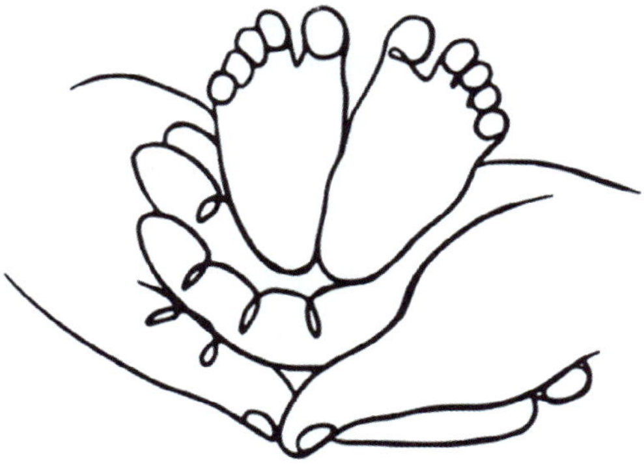

De nouvelles compétences

La période des 3 premiers mois de vie d'un bébé est marquée par un développement exponentiel, avec de nombreuses acquisitions essentielles pour sa croissance et son éveil.

Au terme de cette période, le bébé aura accompli des pas de géant (façon de parler, bien sûr !). Sur le plan moteur, il aura souvent effectué ses premiers déplacements volontaires (retournements), il commencera à saisir des objets pour progressivement les porter à sa bouche, il tournera la tête dans la direction d'un son qu'il veut identifier. Ces mouvements de plus en plus volontaires, plus conscients et réfléchis sont possibles grâce à la maturation cérébrale, notamment l'intégration des réflexes.

C'est aussi à l'âge de 3 mois que certaines fonctions essentielles pour l'alimentation, comme la succion, vont passer du stade de mouvement automatique à celui de mouvement volontaire.

Cela explique d'ailleurs pourquoi certains bébés peuvent commencer à refuser le biberon si celui-ci est introduit à ce moment-là.

Sur le plan émotionnel, ses sourires seront de plus en plus adressés en réponse à son interlocuteur, l'attachement affectif entre le bébé et ses parents se renforce. Enfin, ses sens se développent, sa vue s'affine, son audition se spécialise pour les sons de sa langue maternelle. Le goût, l'odorat et le toucher, trois sens déjà bien développés à la naissance, vont continuer d'évoluer, notamment grâce aux odeurs des parents, au goût du lait et aux expériences sensorielles.

Toutes ces acquisitions sont fondamentales pour l'alimentation, une activité dans laquelle les sens, les émotions et la motricité sont hautement impliqués et entremêlés.

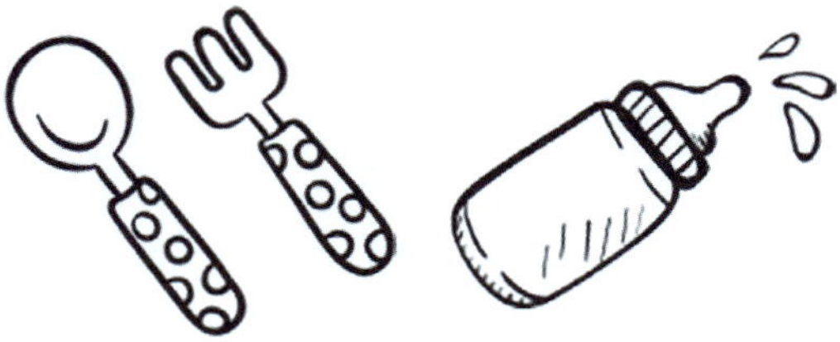

Quel problème, quelle solution

Toute cette période des premiers mois n'est pas toujours un long fleuve tranquille. Elle est souvent marquée par des ajustements dans l'alimentation, que ce soit au sein ou au biberon. Mais parfois, les problèmes perdurent et les parents sont démunis.

Dans le reste de ce livre, je ne vous proposerai pas une solution miracle, clé en main, mais plutôt une aide pour comprendre les raisons des difficultés d'alimentation de votre enfant, des astuces et des conseils divers pour y remédier ou, du moins, pour les atténuer. Enfin, je vous indiquerai quels spécialistes consulter lorsque les problèmes nécessitent une prise en soin par un professionnel de santé.

Pour commencer, je vous invite à identifier dans la liste (voir les pages suivantes) le ou les problèmes d'alimentation que rencontre votre enfant. Cela vous permettra de vous rendre directement au chapitre qui traite des difficultés concernées. Cependant, je vous recommande de lire l'intégralité de ce livre, parce qu'il vous permettra de mieux comprendre le développement de votre enfant, et parce que la plupart des astuces qu'il propose sont utiles dans plusieurs cas.

Quelles sont les difficultés que j'observe?

1. Mon bébé a du mal à téter, que ce soit au sein ou au biberon. Je sens qu'il est volontaire, mais c'est comme s'il n'aspirait rien, ou pas grand-chose (je peux observer que le biberon ne se vide pas et que mon bébé déglutit peu). Sa bouche ne saisit pas bien le mamelon ou la tétine du biberon, ce qui peut entraîner des fuites de lait ou des bruits de bouche. Lorsque j'allaite, je peux ressentir des douleurs au sein, parfois causées par des blessures (des crevasses par exemple).

   Mon bébé pleure beaucoup, est irritable ou agité car il ne prend pas assez de lait à chaque tétée (des couches peu remplies d'urine sont un signe d'un faible transfert de lait).

   Attention, si vous constatez que les couches de votre bébé sont sèches, consultez rapidement un médecin car cela peut être la manifestation d'une déshydratation.

   Il s'agit peut-être d'un problème de succion. **Rendez-vous page 45.**

2. Les tétées de mon bébé sont très longues et très fréquentes. Il fait de nombreuses pauses, et s'endort souvent pendant la prise, comme par épuisement. Je me sens particulièrement épuisée.

   Il s'agit peut-être aussi d'un problème de succion. **Rendez-vous page 45.**

3. Mon bébé est nourri au sein ou avec des préparations commerciales pour nourrissons (PCN) – autrement dit, des préparations infantiles en poudre, vendues dans le commerce –, mais j'ai l'impression qu'il le supporte très mal : il le régurgite beaucoup, se tortille et pleure fréquemment après les prises.

   Il s'agit peut-être d'une allergie. Rendez-vous page 131.

4. J'ai essayé d'introduire les purées dans l'alimentation de mon bébé. J'ai essayé la purée de courgettes et celle de carottes, mais il refuse de les manger ou les recrache. Il a parfois des haut-le-cœur rien qu'à la vue de la cuillerée !

   Il peut s'agir d'un trouble alimentaire pédiatrique avec des difficultés motrices au niveau de la déglutition et/ou de difficultés sensorielles. Rendez-vous pages 59 et 101.

5. Je souhaiterais cesser de donner le sein à mon bébé, et le nourrir maintenant au biberon de lait issu d'une préparation commerciale pour nourrissons. Mais la transition est très difficile.

   Le problème est peut-être d'ordre affectif ou émotionnel. Rendez-vous page 115.

6. J'ai l'impression que mon bébé est gêné pour respirer pendant qu'il tète.

Il peut s'agir d'un problème de respiration ou de coordination de la succion-déglutition-respiration. **Rendez-vous page 28.**

7. Mon bébé a souvent la bouche ouverte lorsqu'il dort.

   Il peut avoir la bouche ouverte la journée aussi. Je peux observer que sa langue est en position basse. J'ai l'impression qu'il respire par la bouche et que cela gêne son alimentation.

   Il peut s'agir d'un problème de position buccale de repos. **Rendez-vous page 33.**

8. Mon bébé vient d'avoir 6 mois, j'ai commencé la diversification menée par l'enfant (DME) mais il recrache tous les morceaux fondants que je lui propose ou bien les garde dans les joues.

   Il peut s'agir d'un problème de malaxage (mastication). **Rendez-vous page 71.**

CHAPITRE 2

Respirer, mastiquer, articuler...

Les fonctions clés pour s'alimenter correctement

La respiration et la position de repos

Un peu d'air

Un bébé vient au monde en respirant par le nez. Mais la structure de ses voies aérodigestives supérieures est encore en pleine maturation. Entre 0 et 4 mois, le larynx (la partie des voies respiratoires où se trouvent les cordes vocales) est positionné plus haut que chez les adultes, et l'oropharynx (l'arrière-gorge) n'est pas encore développé.

De plus, l'épiglotte, un cartilage en forme de feuille faisant partie du larynx, est en contact direct avec le voile du palais, la partie molle du palais. Cette configuration crée un espace fermé qui permet au bébé d'avaler en toute sécurité et rend difficile le passage de l'air par la bouche.

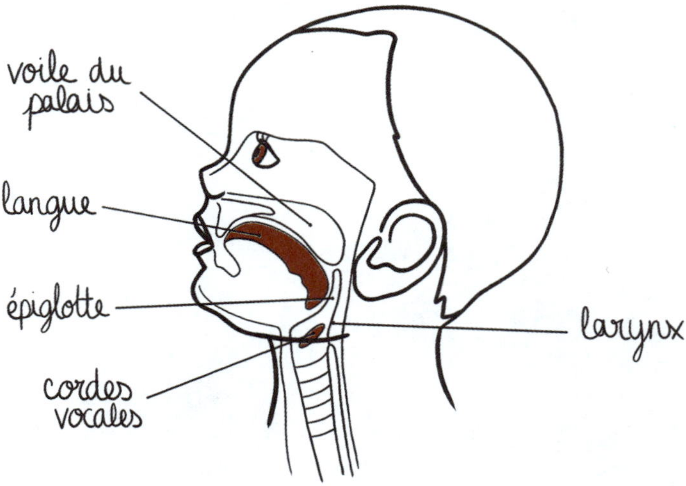

Ainsi, les voies digestives et les voies respiratoires ne se croisent pas à cet âge.

Le lait et l'air circulent dans des voies différentes. Le bébé peut ainsi respirer par le nez tout en stockant du lait à l'arrière de sa bouche. La succion, la déglutition et la respiration s'enchaînent dans des cycles bien coordonnés quand tout se passe bien. Le risque de fausses routes directes est alors faible[1].

Concrètement, cela fonctionne comme ça :

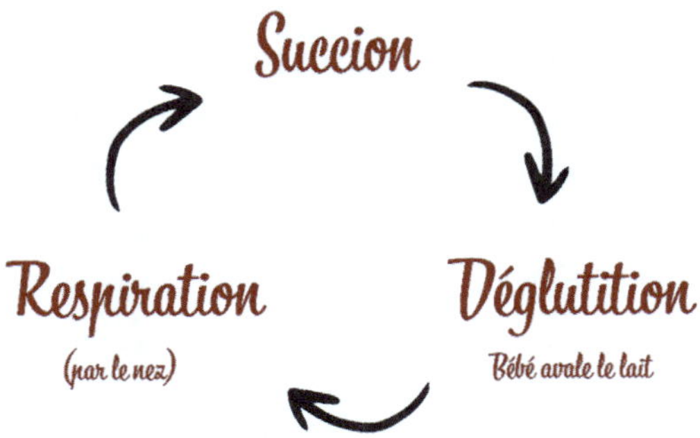

On comprend donc l'importance d'une respiration nasale optimale durant cette période, et après !

Entre 4 et 6 mois, à mesure que le bébé redresse sa posture, le larynx s'abaisse et apparaît le « carrefour aéro-digestif », un endroit où les voies respiratoires et digestives se croisent. Ça y est, le bébé est capable de respirer aisément par la bouche !

1. On distingue les fausses routes directes survenant au moment de la déglutition, des fausses routes indirectes qui surviennent après la déglutition et correspondent à la remontée du contenu du pharynx ou de l'œsophage. Dans les deux cas, le problème est un passage de liquide ou solide dans les voies respiratoires.

Sortie de route AU CARREFOUR

Bon, c'est une bonne nouvelle, mais ce nouveau pouvoir comporte un risque : le croisement des voies respiratoires et digestives augmente les probabilités de fausses routes directes.

Faire une fausse route directe veut dire avaler de travers quand nous mangeons car les aliments ou les liquides peuvent accidentellement passer dans les voies respiratoires. Cela se produit lorsque notre corps n'inhibe pas correctement la voie respiratoire pendant que nous déglutissons.

Respirer pour mieux manger

Pendant que le bébé mange, chacun son rôle : sa bouche est entièrement consacrée à l'alimentation, assurant l'étanchéité nécessaire à une succion efficace, tandis que son nez est responsable de la respiration. Cette coordination entre la bouche et le nez est essentielle pour que la succion et la déglutition se déroulent sans encombre.

Le lien entre respiration nasale et succion est fondamental pour une alimentation lactée réussie. Si le bébé n'est pas capable de respirer par le nez, par exemple en cas de congestion nasale, il sera obligé de respirer par la bouche. Dans ce cas, la succion ne sera pas optimale, car la bouche ne pourra plus se consacrer pleinement à l'alimentation.

Le bébé devra alors faire des pauses fréquentes pour reprendre sa respiration par la bouche, ce qui peut perturber le rythme de la tétée et rendre l'alimentation plus fatigante pour lui.

Au moment de la DIVERSIFICATION ALIMENTAIRE

En grandissant, ce phénomène peut également se manifester lorsque l'enfant commence à mastiquer. Il peut ressentir le besoin de **mastiquer la bouche ouverte**, surtout s'il a du mal à coordonner mastication et respiration.

Comme le dit l'adage : « C'est en forgeant qu'on devient forgeron », on pourrait également dire : « C'est en respirant par le nez qu'on devient un bon… respirateur nasal ! » En effet, les fosses nasales se développent grâce à l'utilisation régulière de la respiration nasale, un peu comme d'autres fonctions du visage qui se renforcent à mesure qu'elles sont sollicitées.

Un développement optimal de la respiration par le nez ne se limite pas seulement à mieux respirer. Il entraîne aussi des répercussions sur d'autres aspects essentiels, comme l'**olfaction** (l'odorat). Or, l'odorat est étroitement lié au goût ! En effet, les papilles gustatives de la langue détectent les saveurs : l'amer, l'acide, le salé, le sucré et l'umami (le savoureux). Mais les effluves particuliers des aliments sont appréciés par un organe, l'épithélium olfactif (de son petit nom), qui se trouve dans le nez.

Respirer par le nez contribue à améliorer l'expérience de l'alimentation.

Un bon développement nasal aide donc le bébé à la découverte olfactive des aliments qu'il ingérera plus tard.

On peut se servir des odeurs pour travailler la succion ! Il a été démontré qu'une odeur de fraise ou de vanille active particulièrement la succion de l'enfant prématuré (par rapport à une odeur non alimentaire).

En plus de ces avantages sensoriels, la respiration nasale joue également un rôle **immunitaire**. L'air qui passe par les narines est filtré et débarrassé de ses impuretés par les poils du nez, contrairement à l'air inspiré par la bouche (qui peut d'ailleurs être responsable d'un gonflement des amygdales). Cela permet aussi une meilleure production d'oxyde nitrique, une molécule essentielle qui favorise une meilleure oxygénation des tissus et soutient la défense de l'organisme contre les infections.

Le repos de la princesse

La position des lèvres et de la mâchoire inférieure (mandibule) joue un rôle essentiel dans la respiration, tout comme la position de la langue. En effet, lorsque la bouche est au repos, les lèvres doivent être fermées, la mandibule relâchée, et la langue en position haute. Toutefois, contrairement à ce que l'on pourrait penser, les mâchoires ne sont pas complètement serrées l'une contre l'autre. Elles maintiennent un léger espace appelé le ***Free Way Space***, qui permet une détente naturelle des muscles de la mâchoire.

La langue est conçue pour épouser naturellement la forme du palais. L'expansion en largeur de ce dernier est d'ailleurs conditionnée par cette position haute de la langue.

Lorsque la langue est correctement positionnée en haut, elle assure non seulement une bonne respiration nasale (on va voir pourquoi dans un instant), mais aussi une occlusion dentaire correcte (c'est-à-dire la manière dont les dents s'alignent lorsque la bouche est fermée) et une stabilité posturale globale. Il ne faut pas oublier que les os du visage font partie du squelette qui s'étend de la tête jusqu'aux pieds.

Alors peu importe que vous soyez en train de respirer ou de déglutir, la langue doit se positionner en haut, contre le palais !

Les mouvements de la langue et de la mâchoire sont souvent corrélés : la langue suit en général le mouvement de la mâchoire. Ainsi, si la bouche est fermée, la langue se positionne en haut ; si la bouche est ouverte, la langue a de fortes chances de faire un mouvement vers le bas ! De plus, essayez de respirer bouche ouverte avec la langue au palais ! Ce n'est pas aisé, n'est-ce pas ? N'oubliez pas que le bébé est comme nous, il cherche la facilité !

La pointe de la langue, appelée aussi apex lingual, doit se poser sur une petite structure en relief située juste derrière les incisives supérieures, appelée la papille palatine. Le reste de la langue, ses bords et son dos, doit suivre cette posture, sans jamais toucher les incisives, afin d'éviter de les pousser vers l'avant, ni descendre vers le plancher buccal. La langue doit rester « au plafond » !

Une petite histoire est souvent racontée en orthophonie pour illustrer cela : « La langue est une princesse, elle se repose dans son palais, assise sur son tabouret ».

Les problèmes de positionnement de la langue et de respiration

Parfois, la langue n'entre pas correctement en contact avec le palais. Cela peut être dû à une ankyloglossie (une limitation de la mobilité de la langue causée par un frein restrictif situé sous la langue, la retenant au niveau du plancher buccal) ou à des habitudes de succion prolongées, comme l'utilisation d'une tétine ou le fait de sucer son pouce ou un doudou. La tétine, le pouce ou le doudou prennent alors la place de la langue et la maintiennent en position basse. Lorsque la langue n'est pas en contact avec le palais, et sous l'effet de l'appui de ces « envahisseurs », celui-ci risque de se « creuser ». Ce phénomène peut réduire l'espace des fosses nasales, situé juste au-dessus, compromettant ainsi la respiration par le nez.

Un signe à surveiller est l'ouverture de la bouche de votre bébé. Une bouche constamment ouverte peut entraîner une position basse de la langue. Si cette position devient chronique, l'enfant risque de développer une respiration buccale.

Lorsque la langue reste en position basse, elle ne bloque plus le passage de l'air dans la bouche, facilitant ainsi la respiration par la bouche.

Attention aussi aux obstructions nasales répétitives et prolongées : si votre bébé a tout le temps le nez bouché, il risque fort de s'habituer à respirer par la bouche !

À long terme, cette respiration buccale associée à une langue basse peut entraîner des dysmorphoses maxillo-faciales. Cela signifie que le développement des os du visage peut être affecté, provoquant des désalignements ou des malformations dans la structure maxillaire et faciale.

La respiration buccale est plus compliquée en position couchée : l'enfant peut chercher son air et donc se réveiller fréquemment, surtout si le passage est devenu étroit en raison d'amygdales imposantes. Il peut même se mettre à ronfler ; c'est en quelque sorte le résultat d'un passage forcé de l'air par la bouche !

Quand consulter ?

Si vous observez que votre jeune enfant a fréquemment la bouche ouverte, que sa respiration semble principalement buccale, et que cela persiste en dehors de toute infection, il est crucial de revoir les mesures d'hygiène nasale. Vous découvrirez mes conseils à ce sujet dans la page suivante. Si ces mesures s'avèrent inefficaces, il est préférable de consulter.

Le médecin qui suit votre enfant reste votre interlocuteur privilégié, car il pourra vous délivrer une ordonnance pour consulter un spécialiste médical de la respiration, comme un ORL (oto-rhino-laryngologiste).

Les troubles de la respiration nasale peuvent se manifester aussi bien le jour que la nuit. Il est donc essentiel de vérifier leur présence dans les deux contextes, car ils peuvent passer inaperçus mais se révéler à travers d'autres troubles : troubles de la succion, troubles alimentaires pédiatriques ou encore troubles du sommeil.

- Pour les **troubles de la succion** et les **troubles alimentaires pédiatriques**, reportez-vous aux sections concernées (pages 45 et 59) dans cet ouvrage pour savoir quel professionnel consulter.
- En ce qui concerne les **troubles du sommeil**, pour le diagnostic et la prise en soin médicale, vous pouvez consulter un médecin du sommeil, qui peut être pneumologue, neurologue, médecin généraliste ou issu d'une autre spécialité. Pour la prise en soin rééducative, un kinésithérapeute ou un orthophoniste formé dans ce domaine pourra intervenir.

Une chose importante à faire vérifier est que la langue, si elle est en position basse, n'est pas retenue par un frein lingual restrictif. Nous en reparlerons en détail page 54.

MES ASTUCES

Pour encourager une bonne respiration nasale chez votre bébé, voici quelques conseils pratiques.

Insister sur l'hygiène nasale

La respiration nasale ne peut être optimale que si les fosses nasales sont dégagées.

Pour cela, on peut se servir d'un mouchoir, mais généralement pas avant que le bébé n'ait fêté ses 15 mois, voire ses 2 ans. Et même à cet âge, il est rare que l'enfant ait la puissance expiratoire nécessaire pour garantir un bon nettoyage. Il faut parfois attendre jusqu'à 6 ans pour que l'enfant maîtrise bien le mouchage et puisse expulser correctement les sécrétions nasales.

Alors comment on fait ?

Réponse : l'irrigation nasale.

Vous pouvez utiliser une **seringue,** une **pipette**, un **spray** non vasoconstricteur ou un **flacon** à grand volume pour les enfants plus grands, selon l'âge de l'enfant (suivre les recommandations du fabricant inscrites sur chaque dispositif) – aucun système n'a prouvé son efficacité sur les autres **spécifiquement** chez l'enfant. Je conseille aux parents d'adopter le système et la position la plus confortable et rassurante pour eux et pour leur enfant.

Il est recommandé d'adapter la quantité de liquide en fonction de l'âge de l'enfant, de la taille de ses fosses nasales et de sa tolérance. Plus le volume injecté est grand, plus la surface nasale nettoyée est étendue. Pour un enfant de 0 à 6 mois, 5 à 20 ml sont conseillés. Adaptez l'embout à la taille des narines (sachez qu'il existe des embouts spécial bébé).

Utilisez une solution isotonique à 37 degrés (vous pouvez réchauffer les pipettes de sérum physiologique dans vos mains ou sous l'eau chaude).

Voici comment laver le nez de votre bébé allongé (lavage recommandé dès la naissance), avec une pipette de sérum physiologique :

1. Inclinez sa tête sur le côté opposé à l'injection et la maintenir (si vous nettoyez la narine gauche, posez sa tête sur son côté droit, et inversement).
2. Injectez doucement le liquide (attention, ce n'est pas un karcher, une pression excessive peut favoriser des traumatismes au niveau des oreilles comme des otites !). Il devrait ressortir du côté opposé à l'injection avec les sécrétions nasales.
3. Recommencez sur l'autre narine en tournant bien votre bébé sur le côté opposé.
4. Essuyez le nez à l'aide d'un mouchoir ou d'une compresse propres.

L'irrigation nasale est à réaliser lorsque vous sentez que le nez de votre bébé est obstrué. À ce jour, il n'existe pas de consensus sur la fréquence à laquelle il faudrait réaliser cette irrigation nasale chez un enfant sans problème de santé associé (allergie, rhinite, respiration buccale…).

Si vous remarquez que votre bébé a des difficultés à respirer par le nez malgré une bonne hygiène nasale, il peut être utile de consulter un médecin, notamment un ORL. Parfois, une obstruction peut être causée par du tissu à l'arrière des fosses nasales, les « végétations adénoïdes », qui bloque partiellement la circulation de l'air. Ce professionnel pourra vérifier si cela constitue un problème et proposer une solution adaptée.

Stimuler l'odorat

Habituez votre bébé à être en contact avec des odeurs familières dès son plus jeune âge : ses parents évidemment, mais aussi des doudous adaptés à son âge (souvent porteurs de l'odeur parentale), des aliments ou des breuvages odorants non toxiques (attention, n'approchez jamais de liquides chauds de votre enfant, au risque de le brûler !). Cela contribue au bon développement de son sens olfactif, qui est directement lié à une respiration nasale efficace.

Savez-vous que le sein de la mère dégage une odeur ? Souvenez-vous que le nouveau-né naît avec une vision immature. C'est grâce à l'odeur du sein maternel que le bébé le repère !

Massage et comptine

Les comptines et les massages sont une sorte de couteau suisse, elles ont plein de fonctions : elles permettent de communiquer avec son bébé, de le faire rire, de lui apprendre des mots, de l'apaiser, de développer ses capacités motrices… Et puis, ce sont aussi et surtout de grands moments d'intimité et de complicité entre vous et votre bébé !

C'est pour cette raison que je vous en proposerai tout au long du livre, et que je les considère comme l'outil principal, avec les jeux, pour accompagner le bon développement de toutes les dimensions liées à l'alimentation, qu'elles soient motrices, affectives ou sensorielles.

Voici quelques consignes simples pour que ces moments se déroulent idéalement :

1. Lavez-vous les mains, prenez votre bébé dans les bras et signifiez-lui que c'est l'heure du massage en lui parlant (et également en signant, si vous savez le faire).

2. Choisissez un moment où votre bébé est calme, éveillé et détendu, en dehors des repas.

3. Installez votre bébé sur le dos, face à vous, au sol ou sur la table à langer. Attention, si votre bébé est sujet au reflux gastro-œsophagien, il vaut mieux éviter de l'allonger après le repas. Dans ce cas, vous pouvez chanter les comptines et faire les massages avec votre bébé dans les bras d'une autre personne qui le maintiendra en position semi-assise, bien que cela puisse être moins confortable pour celui qui masse.

4. Frottez-vous les mains pour les réchauffer et instaurer ainsi un rituel signifiant le début du massage.

5. Effectuez les mouvements avec les deux mains, avec tous les doigts, ou simplement les index (selon le type de massages).

6. Verbalisez ce que vous faites. Cela permet à votre bébé de faire des liens entre vos gestes et les mots, contribuant ainsi à l'acquisition du langage. N'hésitez pas à exagérer les intonations et à jouer avec la prosodie (les variations de la voix), car cela rend la comptine plus captivante et amusante pour votre bébé.

7. Si votre bébé pleure ou semble mal à l'aise la première fois, ne le forcez pas. Réessayez plus tard dans un moment plus propice. Avec un peu de patience, il finira par apprécier ces moments, d'autant plus si vous avez commencé tôt à l'habituer. Si le massage est trop long à réaliser d'un coup, allez-y par petites étapes, ligne par ligne de la comptine, et ajustez le temps et les gestes en fonction de la tolérance de votre bébé.

8. Vous pouvez intégrer ces comptines et massages dans la routine quotidienne de votre bébé, par exemple avant les tétées ou les biberons, une ou plusieurs fois par jour.

Le massage des ailes du nez

Le massage des ailes du nez est une technique simple et efficace que vous pouvez pratiquer quotidiennement pour aider votre bébé à mieux respirer.

Pour effectuer ce massage, placez doucement vos doigts de chaque côté du nez de votre bébé, au niveau des sinus maxillaires et faites de petits mouvements circulaires en exerçant une légère pression. Ce geste stimule les tissus autour des narines et peut aider à dégager les voies respiratoires en cas de congestion légère.

En plus d'améliorer la respiration, ce moment de massage peut également apporter un effet apaisant pour votre bébé, surtout s'il est réalisé dans un environnement calme et serein.

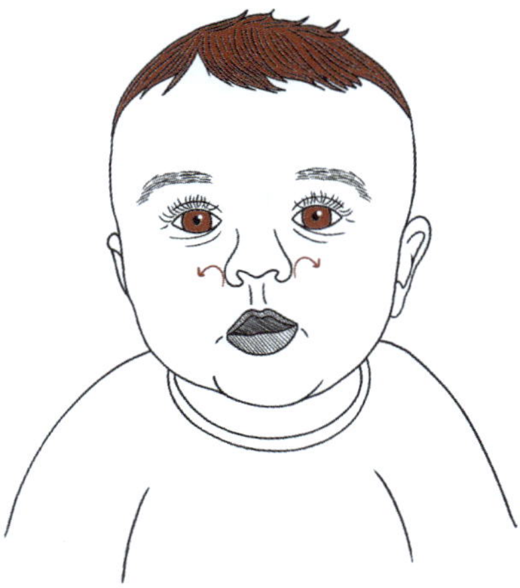

Comptine pour le lavage de nez

Le moment du lavage de nez révulse parfois les bébés, dont les réactions sont souvent hautes en couleur (le bébé devient tout rouge à la vue de la pipette et peut se mettre à pleurer !). Cette comptine est idéale pour transformer le lavage de nez en un moment plus ludique et rassurant pour votre bébé. Qu'il s'agisse d'utiliser une pipette, une seringue ou un spray nasal, la douceur est de mise pour que l'expérience soit agréable et sans stress.

Sur l'air de « Mon petit lapin a bien du chagrin » :

MON PETIT LAPIN A LE NEZ TOUT SALE

Mon petit lapin a le nez tout sale

Pschitt pschitt pschitt viens que je t'installe

Une petite pression dans ta narine gauche

Une petite pression dans ta narine droite

Saute, saute, saute mon petit lapin [*faites un câlin à votre bébé*]

Danse, danse, danse dans ton petit jardin

Saute, saute, saute mon petit lapin

Prenons un mouchoir pour finir le soin ! [*essuyez le nez de votre bébé avec une compresse ou un mouchoir doux*]

Vous pouvez écouter cette comptine en scannant ce QR code.

http://lienmini.fr/63571-01

La succion

Chez le bébé de moins de quatre mois, la succion est un réflexe qui commence avant la naissance. Certains bébés commencent à sucer leur pouce dans l'utérus !

Pour autant, « réflexe » ne veut pas toujours dire « facile » ni « sans embûche ». Si, pour certains, s'alimenter au sein ou au biberon semble une évidence, pour d'autres, cette étape peut se transformer en véritable épreuve. Et lorsqu'un bébé a du mal à prendre le lait, c'est souvent qu'il rencontre des difficultés de succion. Alors, penchons-nous un peu là-dessus.

La tétée, comment ça marche ?

La tétée repose sur un enchaînement complexe de mouvements. Dès que le sein ou le biberon entre en contact avec la bouche du bébé de moins de quatre mois, ce stimulus déclenche une réaction automatique : la bouche se referme autour du mamelon ou de la tétine (cela peut aussi fonctionner avec une sucette ou même un petit doigt).

Lors de la phase de succion, la langue du bébé se positionne en forme de gouttière sous le sein (ou la tétine), assurant son maintien.

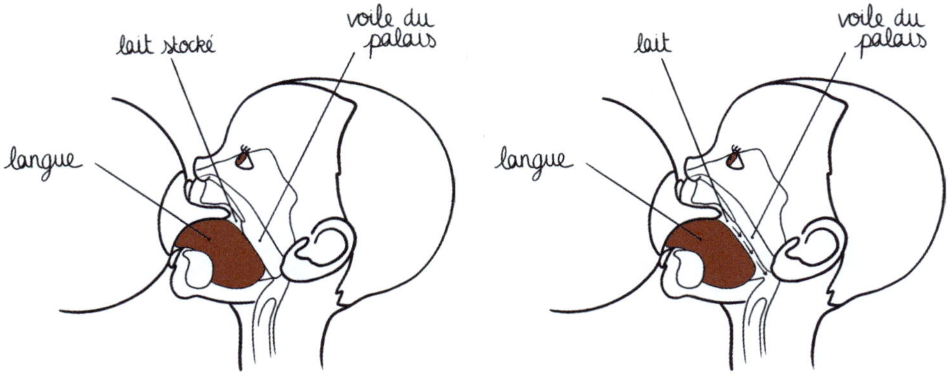

Un phénomène très intéressant se produit alors : un vide est créé par le mouvement simultané de la mâchoire inférieure et de la langue vers le bas. C'est ce vide qui permet d'obtenir le lait par aspiration.

Le lait est extrait depuis les canaux lactifères du sein grâce à ce mouvement. Pendant cette phase, le voile du palais s'abaisse pour maximiser l'effet de cette aspiration et rendre hermétique la cavité orale en se rapprochant d'une structure appelée épiglotte. Une fois le lait extrait, le vide diminue, la langue s'élève et le lait passe vers l'arrière de la bouche, grâce à deux sortes de toboggans : les *faucium channels*. Cette étape permet de diriger le lait vers le pharynx, d'où il poursuivra son chemin vers l'estomac.

La langue reprend ensuite progressivement sa position haute de repos et le cycle recommence.

Un réflexe… ARCHAÏQUE !

Les réflexes archaïques assurent des fonctions absolument essentielles : ils aident le bébé à s'adapter à un nouvel environnement (moins accueillant que le ventre maternel), lui permettent de créer de nouvelles connexions neuronales et participent au développement de son tonus musculaire, de sa coordination et de toutes les capacités motrices dont il aura besoin tout au long de sa vie.

Sans ce réflexe de succion, l'alimentation du nouveau-né serait extrêmement compliquée, voire impossible.

Le développement de la succion

Les tétées d'un nouveau-né peuvent paraître très fréquentes. Cette période où le bébé est très souvent au sein est fondamentale pour le bon démarrage de l'allaitement.

Un nouveau-né a généralement besoin de nombreuses tétées par jour pour répondre à ses besoins nutritionnels. Cela s'explique aussi par le faible volume de son estomac.

Un bébé qui tète souvent les premières semaines de vie est donc tout à fait normal ! Des tétées fréquentes sont d'ailleurs nécessaires à la mise en place de la lactation les deux premiers mois. La prise du sein doit se faire quand le bébé le réclame, à la demande. D'ailleurs, le bébé de moins de 3 mois peut téter efficacement en dormant !

Vers **4 mois de vie**, la succion devient volontaire et plus consciente. Au début, le bébé est en phase d'apprentissage. Il doit apprendre à synchroniser la succion avec la respiration et la déglutition. Ce n'est pas un petit exploit pour lui, et il faut l'accompagner avec patience !

Petit à petit, vers l'âge de 6 mois, ses mouvements de langue deviennent plus complexes et matures.

C'est le début de la diversification, ce qui rend les tétées moins fréquentes.

Au moment de la DIVERSIFICATION

Entre 4 et 6 mois, l'introduction des aliments complémentaires commence à modifier légèrement le rôle de la succion.

À ce stade, la succion ne sert plus uniquement à nourrir ou à combler un autre besoin (rassurer notamment), mais devient aussi un moyen pour le bébé d'explorer de nouvelles textures et de renforcer la coordination et la dextérité de ses muscles oraux, qui seront bientôt indispensables pour mastiquer.

Les signes d'une bonne succion

- Votre bébé a la bouche grande ouverte, ses joues sont pleines et rondes, ses lèvres sont ourlées vers l'extérieur.
- Le mamelon et une partie de l'aréole sont bien saisis, le menton est collé au sein, le nez est dégagé.
- Vous pouvez entendre des bruits de déglutition.
- La mâchoire inférieure du bébé marque des mouvements amples et réguliers.
- Sa respiration est régulière.

- Votre bébé remplit 5 à 6 couches d'urines par jour, dès le 4e jour après sa naissance.
- Vos seins sont plus souples après la tétée.

Les problèmes de succion

La succion est une mécanique complexe, et il suffit qu'un de ses rouages dysfonctionne pour que l'alimentation devienne laborieuse, voire problématique.

Quand un bébé rencontre des difficultés à bien téter, cela peut provoquer chez lui un inconfort digestif, des pleurs, de l'agitation, de l'irritabilité et, finalement, compromettre sa prise de poids.

Un problème de succion peut se signaler de différentes façons :

- **Des déglutitions peu fréquentes.** Normalement, lorsque l'on boit, on déglutit régulièrement. Si vous constatez que votre bébé déglutit peu, c'est qu'il n'arrive peut-être pas à bien extraire le lait.
- **Des prises de lait trop fréquentes ou anormalement longues**. Si votre bébé réclame trop souvent le sein ou le biberon en dehors des premières semaines de vie et que cela vous fatigue beaucoup, c'est peut-être qu'il n'arrive pas à prendre suffisamment de lait à chaque fois.

- **Une mauvaise prise du sein ou du biberon.** Parfois, les bébés ne parviennent pas à bien positionner leur bouche ou leur langue pour la tétée, ce qui réduit l'efficacité de la succion.
- **Des cloques sur les lèvres.** Cela se produit parfois lorsque le bébé positionne mal ses lèvres pour accomplir la succion.
- **Des fuites de lait autour de la bouche lors de la succion nutritive.** C'est le signe d'un défaut d'étanchéité, et d'une incapacité à conserver le lait en bouche.
- **Une ouverture de bouche réduite.** Cela peut être le signe de tensions musculaires ou d'un mauvais positionnement du bébé.
- **Des claquements de langue.** Ce sont des signes d'un manque d'amplitude de la langue empêchant de créer le vide nécessaire à la succion.
- **Douleurs au niveau du sein.** Une mauvaise prise du sein par le bébé peut provoquer des irritations, voire des crevasses. Une bonne succion doit aussi être confortable pour la mère.

Je précise qu'une transition difficile entre l'alimentation au sein et l'alimentation au biberon n'est pas un indicateur de difficultés de succion. Le biberon n'est tout simplement pas un passage obligatoire pour un bébé.

Cette transition peut s'avérer particulièrement délicate si le biberon est introduit après l'âge de 4 mois, lorsque la succion devient un acte volontaire. À cet âge, le bébé peut refuser le biberon de manière intentionnelle, non pas par incapacité, mais par choix.

Il existe plusieurs alternatives au biberon pour offrir le lait maternel en l'absence de la mère : dispositif d'aide à la lactation (DAL), Softcup®, Babycup®... La Softcup® est une sorte de biberon qui présente un embout en forme de cuillère, permettant au bébé de boire le lait à coups de langue. Le DAL est composé d'une paille reliée à un récipient contenant du lait que le bébé aspire. La paille se fixe sur le petit doigt de l'adulte qui donne le lait en l'absence de la mère.

Ces dispositifs peuvent aussi être utilisés en complément d'une alimentation au sein. Le DAL peut être utilisé en parallèle de la prise du sein en fixant la paille sur le sein, le bébé prendra alors le lait au sein et le lait du complément. Autrement dit, le bébé s'alimentera alors avec deux laits (le lait maternel et le complément). Le complément sera donné lors de la tétée, ce qui permet de ne pas trop perturber la succion au sein.

Quand consulter ?

Les symptômes liés aux troubles de la succion sont rarement présents de façon isolée. En présence de plusieurs de ces symptômes de façon durable et en dehors de toute maladie chez l'enfant, il est préférable de consulter (un rhume peut temporairement perturber la succion).

Le médecin qui suit votre enfant reste votre interlocuteur privilégié. Mais vous pouvez également vous tourner directement vers une **sage-femme** ou une **consultante en lactation IBCLC** (International Board Certified Lactation Consultant). Une infirmière puéricultrice peut également vous guider et vous orienter vers les bonnes ressources.

Si le médecin, la sage-femme, ou la consultante en lactation identifient un besoin de prise en soin en rééducation, ils peuvent vous orienter vers un spécialiste des troubles de la succion, tel qu'un **orthophoniste** ou un **kinésithérapeute** formé dans ce domaine. D'autres rééducateurs, comme les ergothérapeutes, peuvent également intervenir selon leur formation spécifique.

L'accès direct aux rééducateurs sans ordonnance n'est pas encore généralisé. Renseignez-vous donc avant de prendre rendez-vous.

Les freins restrictifs buccaux : mythe ou réalité ?

Les freins restrictifs buccaux sont des anomalies congénitales présentes dès la fin du premier trimestre de la grossesse. Ces freins, qui sont des tissus situés sous la langue (frein lingual) ou sous la lèvre supérieure (frein labial supérieur), peuvent occasionner des restrictions de mouvements au niveau de la cavité orale et des tensions corporelles et orofaciales. Lorsqu'ils sont trop courts, ces freins peuvent limiter les mouvements de la langue et/ou de la lèvre supérieure.

Chez le bébé, un trouble de la succion peut être dû à une ankyloglossie, c'est-à-dire un frein de langue restrictif. Ce frein limite l'amplitude des mouvements de la langue, rendant la succion difficile. De même, un frein labial supérieur restrictif peut entraver les mouvements de la lèvre supérieure et gêner également la succion. Toutefois, il est essentiel de noter qu'une ankyloglossie ou une restriction labiale n'entraîne pas systématiquement un trouble de la succion. Le diagnostic médical d'un frein lingual restrictif (ankyloglossie) est en général posé par un médecin (ORL ou chirurgien maxillo-facial) ou un chirurgien-dentiste ayant reçu une formation sur les freins de langue.

Les manifestations d'un frein restrictif lingual chez un bébé ressemblent aux signes d'un trouble de la succion. Cependant, l'examen du frein de langue repose sur une évaluation précise incluant plusieurs critères spécifiques : l'aspect de la pointe de la langue, la fixation du frein sur le plancher buccal, l'élévation de la langue bouche ouverte et son étirement en avant (la protrusion).

Un frein buccal ne doit être considéré comme problématique que si un trouble avéré et persistant est constaté. Autrement dit, si le frein ne perturbe pas l'alimentation, les fonctions orofaciales ou la parole, une intervention n'est pas nécessaire (qu'il s'agisse de rééducation ou d'une chirurgie).

Si l'enfant présente un trouble de la succion ou des difficultés lors de la diversification, un bilan en orthophonie, kinésithérapie ou ergothérapie peut être recommandé. Lors de cet examen, le rééducateur fera un état des lieux des difficultés, évaluera si le frein en est à l'origine et proposera, le cas échéant, une rééducation adaptée. D'autres professionnels, comme une consultante en lactation (IBCLC), peuvent compléter l'analyse des symptômes en distinguant troubles de la succion et troubles de l'allaitement, et agir sur ces derniers. Un thérapeute manuel (ostéopathe, chiropracteur, kinésithérapeute...) peut agir sur les tensions occasionnées par les freins restrictifs.

Ce n'est qu'en cas d'échec de la rééducation, et si le frein restrictif semble être une cause persistante des troubles, qu'une orientation vers un chirurgien spécialisé est envisagée. Les chirurgiens formés aux freins restrictifs buccaux incluent les ORL, chirurgiens-dentistes, stomatologues, et chirurgiens maxillo-faciaux.

MES ASTUCES

Pour améliorer les capacités de succion, rien de tel qu'un peu d'entraînement de la langue. Eh oui, cet organe aussi a besoin de faire de l'exercice !

Au plus jeune âge, pour faire bouger la langue de votre bébé, il existe deux outils très utiles. Le premier est le **réflexe archaïque de protrusion de langue**. Son nom est aussi drôle que son mécanisme : en chatouillant la lèvre inférieure de votre bébé, il devrait sortir la langue de sa bouche. Allez-y, essayez ! Cela fonctionne jusqu'à l'âge de 4 mois.

Le second outil est tout simplement l'**imitation**. Il marche pour tout, le langage, les bonnes manières, mais aussi l'entraînement de la langue !

Une expérience de Meltzoff & Moore a montré que durant ses premières heures de vie, le bébé était capable d'imiter l'adulte qui lui tire la langue. Avez-vous déjà essayé ?

Faire monter la langue est plus complexe, car ce mouvement, pourtant essentiel à la succion, ne sollicite pas réellement un réflexe du visage.

Vous pouvez le solliciter de la manière suivante. Quand votre bébé dort, une légère pression sous le menton, dans le petit creux juste derrière, déclenche une élévation de la langue vers le palais, dans sa position de repos.

Faites d'abord l'expérience sur vous-même !

Et maintenant, je vous propose une petite comptine, qui devrait motiver votre bébé à exercer ses mouvements de langue.

Vous pouvez la chanter tout en sollicitant le visage de l'enfant.

Sur l'air de « Petit escargot » :

PETITE LANGUE SORT DE LA BOUCHE

Cette petite langue qui sort de la bouche
[*tirer la langue et faire tirer la langue à votre bébé en chatouillant sa lèvre inférieure*]

Oh qu'elle est grande !

Aussitôt rentrée, elle est fatiguée

Elle se met au palais. [*ouvrir votre bouche et placer votre langue au palais, puis fermer votre bouche et en même temps appuyer sous le menton du bébé pour positionner sa langue au palais*]

Pour entendre cette comptine, scannez ce QR code :

http://lienmini.fr/63571-02

La déglutition

Gloups !

Avec la respiration, la fonction digestive est l'une des fonctions physiologiques principales chez l'être humain. La déglutition, c'est-à-dire l'action d'avaler, est étroitement liée à la digestion puisqu'elle permet l'acheminement des aliments et des liquides vers le système digestif, garantissant ainsi la nutrition et l'hydratation du corps.

La déglutition se déroule en plusieurs étapes bien orchestrées :

- Tout commence par la **phase volontaire** : le bébé mastique les aliments (lorsqu'il aura commencé la diversification alimentaire) et les imbibe de salive (miam !), formant ainsi ce qu'on appelle le bol alimentaire. Même pour le lait, il y a un mélange avec la salive. L'insalivation et la mastication facilitent la digestion.
- À partir de 4 mois, la langue (encore elle) et les mâchoires travaillent ensemble pour préparer les aliments solides, tandis que le voile du palais (la partie molle à l'arrière du palais dur) s'élève afin d'empêcher que la nourriture ne pénètre dans la cavité nasale.
- Le moment clé de la déglutition est déclenché par un **mouvement de bascule de la langue**, qui propulse le bol alimentaire vers l'arrière de la gorge. Ce mouvement est ce qui initie la **phase automatique** de la déglutition.

- Le bol alimentaire rejoint ensuite le pharynx et la langue reprend progressivement sa position haute de repos.
- Chez le bébé de moins de 6 mois, la voie alimentaire entoure la voie respiratoire sans jamais la croiser, grâce aux « toboggans » dont je vous ai déjà parlé, les *faucium channels*. Cela permet à l'air inspiré par le nez de passer au centre du larynx, tandis que le bol alimentaire circule sur les côtés pour rejoindre le pharynx.

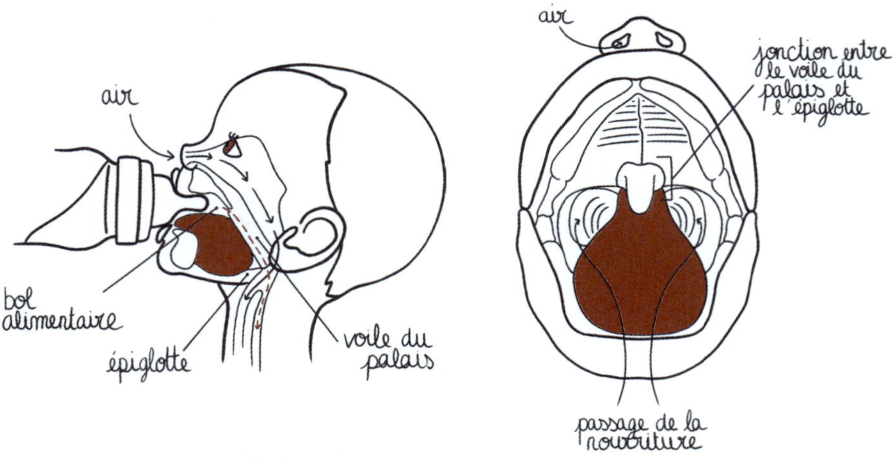

- De façon générale le corps bloque automatiquement la respiration pendant une fraction de seconde, créant une sorte de mini-apnée. Ce mécanisme permet au bol alimentaire (ou aux liquides) d'arriver dans l'œsophage, qui fait partie du système digestif, tout en limitant le risque que les substances ingérées se retrouvent dans la trachée, qui appartient au système respiratoire.

Tout ce processus complexe de déglutition et de respiration est normalement parfaitement synchronisé, tant que certaines conditions sont respectées : dès la diversification, il faut manger en position assise ou debout (pour permettre à la gravité de jouer son rôle et faciliter le passage des aliments vers l'œsophage), les aliments doivent être suffisamment lubrifiés par la salive (pour qu'ils puissent glisser facilement vers le système digestif), la personne doit être suffisamment alerte...

Chez le bébé, la synchronisation du processus succion-déglutition-respiration est garante du bon déroulement de l'alimentation.

Les problèmes de déglutition et les troubles alimentaires pédiatriques

Chez les nouveau-nés et les jeunes bébés, la déglutition est un mécanisme essentiel qui, bien qu'inné, peut parfois occasionner des problèmes. Lorsqu'un adulte rencontre des difficultés importantes à avaler, on soupçonne une dysphagie (un trouble de la déglutition). Le trouble de la déglutition est souvent considéré chez l'enfant comme un trouble alimentaire pédiatrique.

Voici les différents signes qui peuvent indiquer un tel trouble :

- Des difficultés de coordination succion-déglutition-respiration (on peut observer par exemple un bébé qui « se décroche » souvent du sein pour reprendre sa respiration ou déglutir).
- Des difficultés à prendre le contenu de la cuillère, de la fourchette, de la paille ou du verre avec les lèvres, sans que ce contenu coule à l'extérieur de la bouche. Ces difficultés peuvent indiquer un trouble du tonus (hypo- ou hypertonie).
- Des difficultés à manger à la cuillère ou à manger des morceaux (par exemple, un besoin de prendre de très petites bouchées). Ces difficultés peuvent trahir un manque de maturité des mouvements linguaux ou de la mastication.
- Un allongement de la phase volontaire orale (le temps de préparation des aliments dans la bouche est long), des fausses routes, des blocages alimentaires (la nourriture peut rester coincée au niveau du pharynx). Ces difficultés peuvent parfois se manifester par une voix enrouée ou une gorge pleine de sécrétions après avoir bu ou mangé, de la toux et des raclements de gorge.

- Des aliments ou des liquides que le bébé ne parvient pas à avaler et qui restent dans sa bouche.
- Une hypo- ou hyperréactivité sensorielle orale pouvant se manifester par des haut-le-cœur, voire des régurgitations fréquentes, une toux ou un raclement de la gorge avant, pendant ou après avoir avalé.
- La sélectivité alimentaire : la texture ou la couleur des aliments rebute l'enfant, le bébé consomme des aliments très peu variés, refusant souvent les fruits et légumes. Cette sélectivité peut entraîner une néophobie (peur des aliments nouveaux) persistante.

Quand consulter ?

Je vous recommande de consulter le pédiatre/médecin traitant de votre enfant si ce dernier présente un ou plusieurs de ces symptômes de façon durable. Il faut consulter lorsque les symptômes sont chroniques (ils durent depuis au moins deux semaines) en dehors de toute maladie et qu'ils ont un impact sur la vie quotidienne.

La rééducation des troubles de l'alimentation en pédiatrie est aujourd'hui un traitement qui a fait ses preuves. Quatre rééducateurs peuvent être consultés pour ce trouble : l'orthophoniste, le kinésithérapeute, l'ergothérapeute ou le diététicien. Le choix du rééducateur dépendra de sa formation et de son expérience. Les diététiciens-nutritionnistes peuvent dispenser des conseils nutritionnels (sans ordonnance). Ils peuvent aussi, sur prescription médicale, s'occuper de l'éducation ou de la rééducation nutritionnelle des patients présentant des troubles alimentaires.

Sur recommandation du médecin traitant, un gastropédiatre peut aussi être consulté, en libéral ou en centre hospitalier, surtout si les troubles alimentaires entraînent des problèmes médicaux comme une perte de poids, des difficultés respiratoires ou des lésions de l'œsophage.

MES ASTUCES

Ajuster la posture de son bébé

Un bébé de moins de 6 mois peut téter dans toutes les positions, notamment allongé, s'il n'a pas de difficultés dans la triade succion-déglutition-respiration. S'il rencontre des difficultés, essayer de positionner votre enfant de façon plus verticale. Vous pouvez le tenir dans vos bras ou bien le placer dans un porte-bébé ou une écharpe physiologique, pour un plus grand confort.

Pour l'alimentation diversifiée

Une fois le carrefour aéro-digestif créé, des problèmes peuvent survenir si l'enfant ne mange pas de façon verticale. Vérifier donc que votre enfant est bien assis sur une chaise haute adaptée, le dos droit, les pieds en contact avec un repose-pieds. S'il ne tient pas bien assis, vous pouvez le prendre sur vos genoux.

Ajuster la posture de la tête de l'enfant peut éviter des problèmes tels que les fausses routes. Je vous suggère de favoriser l'inclinaison de la tête de votre bébé vers son sternum pendant que vous lui donnez à manger (approchez la cuillère par le bas de sorte que la tête de votre bébé ne se retrouve pas en hyperextension).

Adapter la texture des aliments en fonction des capacités de l'enfant est crucial. Si vous constatez que votre bébé a des difficultés avec certains morceaux offerts en DME, revenez temporairement à des textures mixées, avant de consulter un professionnel. Pensez aussi à offrir des bouchées adaptées à votre bébé et à l'encourager à bien mastiquer avant d'avaler (mimer l'acte de mastication devant lui).

Favoriser la motricité de la langue

Le travail sur la motricité de la langue peut aider à améliorer la coordination des mouvements oraux nécessaires pour une bonne déglutition. Une manière ludique de travailler cette motricité est d'utiliser des comptines ou de proposer des jouets buccaux.

Comptine-massage

Cette comptine-massage est conçue pour détendre votre bébé tout en proposant des stimulations sensorielles sur le visage et à l'intérieur de la bouche, ainsi que des stimulations motrices de la langue.

Il est important que votre bébé prenne l'habitude d'avoir des contacts sur son visage et dans sa bouche dès la naissance. Cela facilitera non seulement les soins d'hygiène, comme le brossage des dents ou le nettoyage du nez, mais aussi les soins médicaux si nécessaire.

Je conseille de réaliser ce petit exercice une fois par jour. (Mais naturellement, si un professionnel de santé préconise de le réaliser plusieurs fois par jour car votre bébé présente des troubles sensori-moteurs, suivez ses conseils !)

Sur l'air de « C'est un petit bonhomme », masser avec l'ensemble des doigts ou seulement les index :

UN PETIT VISAGE TOUT ROND

C'est un petit visage, tout rond, tout rond, tout rond [*faire une fois le tour du visage avec les deux mains*]

Sur le front on s'écarte, en long, en long, en long [*passer deux fois sur le front, du milieu vers l'extérieur*]

Le toboggan du nez [*passer deux fois sur le nez, de sa racine à son bout*]

La moustache étirée [*passer deux fois sur la zone de la moustache*]

Et en bas la même chose [*passer deux fois sous la lèvre inférieure*]

Vers les petites joues roses, roses, roses [*partir du menton pour remonter sur les joues*]

Un p'tit rond sur la lèvre [faire une petite pression en rond avec un seul index au-dessus de la lèvre supérieure au niveau du petit creux]

Ensuite on la soulève [étirer la lèvre supérieure pour tenter de lui faire toucher le bout du nez]

Les doigts comme un aimant, dans chaque joue vers l'avant [mettre l'index dans la bouche de votre bébé, le pouce à l'extérieur et lisser de l'arrière vers l'avant en faisant se rejoindre les deux doigts]

> On termine par l'plancher
>
> Qu'on essaye de toucher [*mettre les doigts en crochet de part et d'autre du frein de langue*]
>
> Et ensuite cette langue
>
> Doit v'nir de chaque côté, té, té, té [*masser les gencives inférieures des deux côtés pour solliciter le mouvement latéral de la langue*]

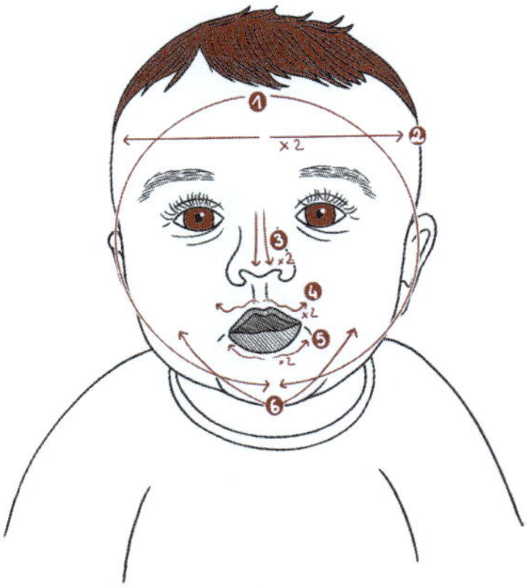

Pour entendre cette comptine, scannez ce QR code :

http://lienmini.fr/63571-03

La mastication

L’art de mâcher le travail

Le moment de la diversification alimentaire, vers l’âge de 4 mois, est une période de découverte sensorielle extraordinaire pour le bébé. C’est aussi là qu’il va pouvoir exercer une nouvelle compétence motrice essentielle : la mastication.

En effet, lorsque l’alimentation complémentaire est introduite, que ce soit sous forme de purées, de compotes, ou encore de morceaux fondants dans le cadre de la diversification menée par l’enfant (DME), le bébé met en place une nouvelle stratégie pour se nourrir. Jusqu’à présent, seule la succion était nécessaire et suffisante pour son alimentation. Mais on ne peut pas sucer des aliments solides – du moins, ce n’est pas une stratégie très efficace !

Au début, lors des premiers essais, il est possible que votre bébé essaye de téter le contenu de la cuillère que vous lui tendez. C’est normal. Tant qu’il continuera à être allaité ou à boire au biberon, votre bébé devra faire coexister deux méthodes alimentaires différentes : la mastication et la succion.

La mastication implique de nouveaux mouvements avec les lèvres, les gencives mais surtout la langue pour manipuler les aliments solides. Ce processus est également accompagné d’une nouvelle forme de coordination : la coordination main-bouche, qui permet de saisir de la nourriture et de la porter à la bouche.

Ce n'est pas avant l'âge de 6 mois (au moins) que l'on peut observer les premiers mouvements de mastication. C'est à cet âge qu'apparaissent de nouveaux mouvements de langue, notamment des déplacements latéraux qui permettront à l'enfant de positionner les aliments à l'emplacement des molaires pour les mâcher. Ces mouvements marquent le début du **malaxage**, également appelé mâchonnement, qui est le prérequis indispensable à l'acquisition de la mastication. C'est une étape essentielle dans le processus de transition vers une alimentation solide.

Lorsque la nourriture arrive au niveau des zones où les molaires se formeront plus tard, elle déclenche de petits mouvements de la mâchoire du bas vers le haut. Ce mouvement n'est pas encore une mastication complète, mais il permet déjà au bébé de malaxer les aliments à l'aide de ses gencives.

À ce stade, les mouvements sont déjà unilatéraux alternés, ce qui signifie que le bébé va solliciter ses gencives d'un côté, puis de l'autre, en alternance.

C'est ainsi que la mâchoire et la langue travaillent ensemble pour écraser les aliments et préparer leur déglutition.

Le malaxage est tout à fait possible même sans la présence de dents. Les premières dents de lait apparaissent généralement entre 4 et 7 mois, mais en leur absence, les gencives sont suffisamment solides et fonctionnelles pour permettre à l'enfant de mâcher des morceaux de nourriture douce. C'est d'ailleurs pour cette raison que le bébé peut commencer la diversification alimentaire menée par l'enfant (DME) avec des morceaux fondants, même avant l'apparition de ses premières dents.

Chez le bébé, une nouvelle acquisition arrive rarement seule. Ainsi, cette étape de mastication coïncide avec celle de la verticalisation (la capacité à maintenir une posture verticale), du recul du réflexe nauséeux, de l'intégration du réflexe de protrusion de langue (qui permet de ne plus repousser les aliments avec la langue) et, on va le voir, des premières poussées dentaires.

Les poussées dentaires : une étape clé dans le développement de la mastication

Les premières dents de lait qui poussent chez le bébé sont généralement les deux incisives (1) centrales du bas, suivies par les incisives centrales du haut. Ensuite viennent les incisives latérales (2), puis les premières molaires (3), les canines (4), et enfin les secondes molaires (5). Mais pas de panique si les poussées dentaires ne se font pas dans cet ordre, ceci n'est qu'indicatif !

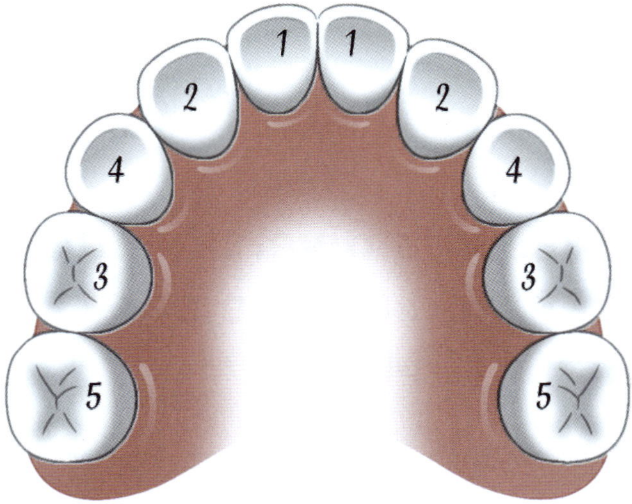

Ce processus se poursuit jusqu'à environ 2 ans et demi ou 3 ans, âge auquel l'enfant possède en général ses 20 dents de lait.

Entre 9 et 12 mois, la poussée des quatre incisives centrales permet le développement de la capacité à croquer. L'amélioration du contrôle des lèvres et, de façon générale, la maturation des compétences sensori-motrices de la bouche permet d'expérimenter de nouvelles textures alimentaires.

La mastication proprement dite apparaît quant à elle vers 18 mois, avec l'éruption des molaires. Ces dents plates et larges sont conçues pour écraser et broyer les aliments, facilitant leur décomposition en plus petits morceaux avant la déglutition. La mastication continue de se développer au fil du temps, pour devenir mature entre 4 et 7 ans.

Comme toujours, la fonction active la fonction : si on ne mastique pas, l'os alvéolaire (qui soutient les dents) et les muscles masticateurs ne se développent pas.

Zoom sur la diversification alimentaire menée par l'enfant (DME)

La DME est une méthode de diversification alimentaire qui a été popularisée par Gill Rapley, docteure en nutrition pédiatrique, au Royaume-Uni au début des années 2000. Contrairement à l'approche traditionnelle (proposer des purées à l'enfant), cette méthode consiste à introduire directement des aliments solides que le bébé peut manipuler et porter lui-même à la bouche, tout en étant assis à table avec ses parents.

La DME vise à encourager l'autonomie de l'enfant dans son alimentation, en respectant ses signaux de faim et de satiété. Cette approche présente de nombreux bienfaits :

- développement de la **motricité fine** (en manipulant les aliments, le bébé travaille les coordinations œil-main et main-bouche et améliore sa dextérité) ;
- **éveil sensoriel** (l'enfant découvre des textures, des goûts et des odeurs potentiellement plus variés qu'avec l'alimentation en purée) ;

- **gain de temps** pour les parents car le bébé mange la même nourriture que le reste de la famille (adaptée à son âge et à ses capacités).

Les prérequis DE LA DME

- Un **tonus suffisant** : votre bébé doit se tenir assis seul avec le minimum de soutien, une capacité qui apparaît généralement vers l'âge de 6 mois révolus.
- Les aliments proposés doivent être adaptés aux capacités de mastication et de préhension du bébé :
  - **Taille** : les aliments doivent être, au minimum, larges comme deux doigts d'adulte, et longs comme un doigt d'adulte (sauf le pouce).
  - **Texture** : les aliments doivent être fondants et facilement écrasables avec les doigts.

Que vous choisissiez de pratiquer la diversification alimentaire menée par l'enfant, une approche classique avec des purées, ou une méthode mixte, il est essentiel de respecter les recommandations du Programme National Nutrition Santé (PNNS).

Ces recommandations suggèrent un allaitement maternel exclusif jusqu'à l'âge de 6 mois pour un bénéfice optimal sur la santé de l'enfant, ou au moins jusqu'à l'âge de 4 mois.

Entre 4 et 6 mois, il est recommandé de commencer la diversification alimentaire, afin de profiter de ce que l'on appelle la fenêtre de tolérance. Cette fenêtre de tolérance est une période clé dans le développement de l'enfant, où son système immunitaire est particulièrement réceptif à l'introduction de nouveaux aliments, y compris les allergènes alimentaires majeurs : produits laitiers, œuf, gluten, fruits à coque, sésame et arachide (sous forme de purée ou d'huile), poisson, crustacés, mollusques, céleri.

Il n'est plus conseillé de retarder l'introduction des allergènes, que votre enfant soit à risque ou non.

L'introduction progressive de ces aliments entre 4 et 6 mois peut aider à réduire les risques allergiques que l'enfant pourrait développer plus tard dans la vie.

Ces recommandations tiennent également compte de l'évolution physiologique des capacités alimentaires du bébé. C'est généralement vers cette période que le bébé commence à montrer un intérêt pour ce que vous mangez, mais aussi que sa maturation lui permet d'accepter une nouvelle alimentation.

Les difficultés liées à la mastication

Un trouble de la mastication se caractérise par une efficacité insuffisante lors de la mastication des aliments, ce qui peut entraîner des conséquences non seulement sur l'alimentation mais aussi sur le développement orofacial de l'enfant.

Les signes d'un trouble de la mastication peuvent se manifester de plusieurs façons :

- Difficultés à gérer les morceaux dans la bouche (tendance à les recracher, à les stocker, à les avaler sans les mâcher, difficultés à passer les aliments d'un côté à l'autre).

Pour les enfants plus grands :

- Les dents de lait doivent normalement montrer des signes d'usure à mesure que l'enfant utilise ses dents pour mâcher. Un manque d'usure peut indiquer que l'enfant ne mastique pas suffisamment ou de manière inefficace.

- Des dysmorphoses maxillo-faciales, c'est-à-dire des anomalies dans la croissance et la forme des mâchoires et du visage (un visage qui s'allonge, qui se creuse car ne se développe pas dans sa largeur).

Les troubles de la mastication peuvent affecter l'équilibre postural et donc le développement corporel et crânio-facial mais également occasionner des douleurs et des tensions au cou, aux cervicales ou dans le corps en général.

Quand consulter ?

Tout rejet chronique de morceaux peut être le signe d'un trouble de la mastication. Les rééducateurs formés dans la prise en soin de ce troubles sont les kinésithérapeutes et les orthophonistes.

MES ASTUCES

Pour commencer, je vous propose quelques jouets buccaux souples. On mâchouille, on malaxe, on mastique, on mord… C'est parti !

Si votre bébé a encore du mal à attraper ces jouets seul, n'hésitez pas à les lui placer directement dans la main au début. À mesure que son développement progresse et que sa coordination main-bouche s'améliore, il parviendra de plus en plus à porter ces objets à sa bouche par lui-même.

Voici quelques incontournables que je recommande souvent aux familles :

- L'**anneau de dentition Matchstick Monkey®** : un petit singe en silicone avec des petits picots pour stimuler la bouche du bébé et de petites poignées pour l'attraper.
- La **balle Oball®** : grâce à ses nombreux trous, cette balle est extrêmement facile à saisir pour les petites mains de bébé. Elle encourage également l'exploration orale, car les bébés adorent y glisser leur langue à l'intérieur.
- Les **jouets Oli&Carol®** : ces jouets en forme de fruits et légumes sont parfaitement adaptés aux petites mains. Leur forme et leurs coloris sont une vraie invitation à la découverte !

Sur le marché, vous trouverez un large choix de jouets buccaux, parfois appelés jouets de dentition. Bien qu'ils soient souvent utilisés pour soulager les poussées dentaires, ils jouent un rôle bien plus important dans le développement de votre bébé.

En effet, ces jouets sont de véritables outils de développement sensoriel et moteur. Ils permettent au bébé d'explorer différentes textures, formes et sensations avec sa bouche, tout en préparant son système oral à la mastication. Le fait que votre bébé porte des objets en bouche est aussi un prérequis essentiel pour bien débuter la diversification alimentaire.

Il est important de suivre quelques recommandations pour choisir les meilleurs jouets buccaux pour votre bébé :

1. **Privilégiez des matériaux sûrs** : les jouets buccaux doivent être en silicone de qualité alimentaire ou en caoutchouc naturel, et exempts de BPA (Bisphénol A).

2. **Évitez les jouets en bois** : bien que le côté naturel des jouets en bois puisse être attrayant, ils peuvent comporter des particules détachables qui présentent un risque pour votre bébé. Ces petites particules peuvent se détacher et potentiellement blesser la bouche de votre enfant.

3. **Nettoyage régulier** : les jouets buccaux doivent être nettoyés régulièrement pour garantir une hygiène irréprochable. Vous pouvez les laver à la main avec du liquide vaisselle ou, si le jouet le permet, les passer au lave-vaisselle.

Comptine pour le brossage de dents et le massage des gencives

Comme le recommande l'Union Française pour la Santé Bucco-Dentaire (UFSBD), il est important de brosser la première dent de votre bébé dès qu'elle apparaît, et cela deux fois par jour. Dès que les dents apparaissent, des caries sont possibles ! Utilisez une brosse à dents adaptée à son âge, avec des poils souples et, seulement à partir de 6 mois, une trace de dentifrice au fluor (dont l'excédent dans la bouche doit être retiré sans rincer).

Brossez avec des mouvements circulaires et longitudinaux (dans le sens de la largeur de la dent).

Pour rendre le brossage des dents amusant et agréable pour votre bébé, accompagnez ce moment d'une petite comptine. Vous instaurerez ainsi une routine autour de l'hygiène bucco-dentaire. La comptine peut aussi être associée au massage des gencives pour soulager le bébé lors des poussées dentaires et pour travailler la mastication. Utilisez alors une brosse à dents souple en silicone ou en caoutchouc de type Nuby®, que l'enfant pourra écraser.

Sur l'air de « Mains en l'air » :

CHEZ LE TOUT-PETIT

> Bien brosser, après manger [*brosser les dents de devant en haut et en bas*]
>
> Pas besoin d'rincer, c'est terminé !

Répéter la comptine autant que nécessaire.

CHEZ L'ENFANT PLUS GRAND POUR BROSSER LES DENTS OU POUR SOULAGER LES POUSSÉES DENTAIRES

> En bas à gauche, en bas à droite [brosser le côté indiqué]
>
> En haut à gauche, en haut à droite [brosser le côté indiqué]
>
> Bien brosser, après manger [brosser les dents de devant en haut et en bas]
>
> Pas besoin d'rincer, c'est terminé !

Répéter la comptine autant que nécessaire.

Pour entendre cette comptine, scannez ce QR code :

http://lienmini.fr/63571-04

L'articulation

AAA...

Le développement de l'articulation, comme celui des autres fonctions, est fortement lié à celui des compétences alimentaires. En effet, le travail sur l'articulation peut avoir un impact positif sur l'alimentation, et inversement, puisque ce sont les mêmes muscles oraux qui sont sollicités. Bien que cet ouvrage se concentre sur le bébé de 0 à 6 mois, j'ai jugé utile d'évoquer brièvement le développement physiologique de la parole, afin de donner un aperçu des mécanismes qui se mettent en place au fil du temps. Ce sera aussi l'occasion de vous donner quelques astuces pertinentes pour votre bébé !

Parler bébé

Si la bouche d'un bébé ne lui permet pas de manger encore comme un adulte, en général, elle ne lui permet pas non plus de prononcer de mot avant l'âge de 1 an. Eh oui, il faudra vous armer de patience avant d'entendre votre enfant déclamer avec amour ses deux premiers mots (« maman » ou « papa »). Et la maîtrise de l'articulation de la parole ne sera pleinement acquise que vers 5-6 ans.

Tous les enfants du monde apprennent à parler, sauf en cas de handicap physique, mental ou psychologique qui pourrait entraver ce processus.

Mais bien avant que l'enfant ne prononce ses premiers mots, il écoute et apprend en permanence. Dès la vie *in utero*, le fœtus commence déjà à percevoir des sons. Les fréquences basses sont les mieux perçues car les aigus sont filtrés par le liquide amniotique. C'est ce qui explique pourquoi un bruit fort, comme une explosion sonore au cinéma, peut faire sursauter un bébé dans le ventre de sa mère.

La voix qu'il connaît le mieux est celle de sa mère. Ce lien privilégié avec la voix maternelle joue un rôle fondamental dans le développement de la parole. En effet, c'est en baignant dans cette sonorité parentale que le bébé va plus particulièrement s'intéresser à la parole humaine – et plus spécifiquement à celle de sa langue maternelle –, puis développer peu à peu les bases de sa propre parole.

Je vous recommande chaudement d'utiliser le « parler-bébé » ou « parentais ». Ce style de communication, caractérisé par une voix douce, des tonalités aiguës, un rythme ralenti et une modulation exagérée, capte l'attention du bébé dès la naissance.

Même s'il ne comprend pas encore le sens des mots, il perçoit les modulations de la voix et sa mélodie, ce qu'on appelle la **prosodie**.

Captivé par la voix, et grâce à la maturation progressive de son cerveau, le bébé va peu à peu accéder au sens des mots. Mais pas n'importe quels mots : ceux qu'il entend régulièrement, c'est-à-dire ceux de sa **langue maternelle**.

Des bébés POLYGLOTTES ?

À la naissance, les bébés ont la capacité remarquable de percevoir les contrastes sonores entre les différents sons de toutes les langues du monde. Bien que le bébé perçoive surtout la prosodie des voix *in utero*, il naît avec une sensibilité unique à tous les sons, quelle que soit la langue employée.

Les bébés sont donc des polyglottes en puissance !

Cependant, à mesure que le bébé grandit, il commence à se concentrer sur les sons qui sont pertinents pour sa langue maternelle. C'est ce que l'on appelle la **surdité phonologique** : les sons non pertinents pour l'apprentissage de sa ou ses langues maternelles commencent à disparaître de sa perception autour de l'âge d'un an.

Bien maîtriser une langue non entendue dans notre petite enfance n'est évidemment pas impossible, mais sera plus difficile que si nous y avions été exposés dès la naissance.

Les premiers mots

Les premiers mots prononcés par l'enfant apparaissent à partir de l'âge d'un an. Mais l'enfant communiquera avec son entourage bien plus tôt ! Dès la naissance, le bébé s'exprime à travers son comportement : pleurs, mimiques, grimaces, réactions aux diverses stimulations (lumière, bruits, etc.).

Vers l'âge de **2 à 3 mois**, il commence à interagir avec les adultes en répondant par des sourires.

Vers **5 mois** commence une période de tests. La parole ne surgit pas d'un seul coup. Il faudra d'abord faire de multiples essais, et erreurs ! L'enfant commence donc à faire des vocalisations : il expérimente avec sa voix, teste les sons graves et aigus, explore la durée des sons. C'est à cette période que les premières voyelles font leur apparition. Le bébé commence à contrôler l'ouverture de sa bouche pour vocaliser, de la même manière qu'il commence à contrôler le mouvement de sa bouche pour manger.

Aux alentours de ses **6 mois**, l'enfant entre dans l'étape du babillage, caractérisée par la répétition de syllabes telles que « baba » ou « tato ». C'est aussi le moment où les premières consonnes apparaissent.

Les sons du babillage sont souvent ceux que l'enfant peut voir se former sur les lèvres de ses parents, comme le « p », le « m » et le « b ». Pas étonnant que le premier mot comporte une de ses consonnes ! Ce premier mot est donc souvent le mot « maman » (ou ses différentes variantes dans les langues du monde, qui contiennent pratiquement toutes le son « m » : mamá, mamma, mami, mummy, moman, mamo, umiy, omma, amma...).

La maîtrise des consonnes est un processus plus complexe que celle des voyelles. Les sons du français ne seront tous parfaitement maîtrisés, dans tous les contextes, que vers l'âge de 7 ans.

L'apparition des premiers mots chez l'enfant est précédée par une forme de communication non verbale : le geste de **pointage**, par lequel l'enfant dirige son doigt vers un objet ou une personne pour attirer l'attention de l'adulte. Ce geste est souvent accompagné d'un regard vers l'objet et parfois d'une vocalisation.

Les adeptes du « bébé signe » pourront utiliser le mode de communication par gestes dès la naissance mais en veillant à toujours accompagner les signes de la parole. Les premiers signes sont généralement produits par l'enfant à partir de 6 mois, en parallèle du développement de la motricité fine de la main.

Le langage : UNE CAPACITÉ À STIMULER

Le cerveau d'un bébé sans troubles auditifs ni neurologiques est naturellement équipé pour comprendre et produire du langage. Mais cette capacité innée ne se développe pleinement que grâce à l'interaction avec l'adulte, qui doit parler le plus possible à son bébé.

Les petites comptines et massages que je vous propose servent avant tout à favoriser l'interaction entre vous et votre bébé.

Les difficultés d'articulation

Les troubles de l'articulation chez les enfants sont causés par un mauvais positionnement des articulateurs : langue, lèvres, voile du palais, mâchoires. Ces difficultés peuvent être dues à un trouble moteur lié à une malformation ou à un dysfonctionnement (comme une fente labio-palatine, un frein restrictif lingual, ou un mauvais positionnement des dents), ou à un trouble auditif ou perceptif qui affecte la capacité de l'enfant à produire correctement certains sons. Nous l'avons vu, ces troubles moteurs sont aussi présents dans les troubles alimentaires.

Les troubles de l'articulation concernent la production de sons isolés, principalement les consonnes, et plus rarement les voyelles. Les erreurs sont permanentes et systématiques, ce qui signifie que l'enfant produit constamment le son de manière incorrecte, peu importe le contexte. N'hésitez pas à en parler avec le médecin traitant de votre enfant si vous avez le moindre doute quant à ses capacités d'articulation. Il pourra vous orienter vers un orthophoniste, spécialiste de la parole et de la communication.

MES ASTUCES

Parler dès la naissance

Il est fondamental de parler à son bébé, et cela dès la naissance. Vous pouvez lui parler de votre journée, de ce que vous projetez de faire, décrire ce que vous êtes en train de faire, lui raconter des histoires, etc. N'hésitez pas à édulcorer votre parole en utilisant le « parentais » !

Comptine autour des voyelles

Les voyelles sont des sons qui sollicitent l'ouverture de la bouche, l'étirement des lèvres et leur arrondissement. Pour que votre enfant apprenne à bien les distinguer, voici une petite comptine.

Sur l'air de « Tourne, tourne petit moulin » en exagérant les mouvements de la bouche en prononçant les voyelles :

LA COMPTINE DES VOYELLES

A A A j'ouvre grand comme ça...

I I I je souris ainsi...

O O O j'arrondis c'est beau...

É É É encore étiré…

U U U t'as pas tout vu…

E E E attends un peu…

È È È arrive à quai

OU OU OU mon petit bout…

Pour entendre cette comptine, scannez ce QR code :

http://lienmini.fr/63571-05

Pour résumer

Nous avons passé en revue de nombreux mécanismes et fonctions (dites orofaciales) impliqués dans le développement de la face et de l'intérieur de la bouche mais aussi dans l'alimentation. C'est le moment de récapituler tout cela, pour vous aider à détecter d'éventuels troubles.

Voici donc 13 points à observer pour évaluer si tout se déroule normalement :

1. **Mon enfant respire-t-il bien par le nez ?**

   Pour vérifier cela, vous pouvez placer votre main sous ses narines pour sentir un léger flux d'air.

2. **Mon enfant a-t-il la bouche fermée et la langue au palais au repos et en sommeil ?**

   Pour vérifier ce dernier point, vous pouvez légèrement tirer son menton vers le bas et regarder si la langue est collée au palais. Cette position est garante d'une respiration nasale.

3. **Mon enfant fait-il beaucoup de bruits de claquements en prenant le lait ?**

   Les bruits de claquement peuvent indiquer des difficultés de succion, comme un mauvais positionnement de la langue ou des lèvres.

4. **Note-t-on des fuites de lait lors de l'alimentation au sein ou au biberon ?**

Les fuites de lait peuvent indiquer un manque d'étanchéité buccale pendant la succion.

5. **Mon enfant pince-t-il le sein avec sa bouche/ses tétées entraînent-elles des douleurs au niveau du sein ?**

   De telles douleurs peuvent être le signe de difficultés de succion.

6. **Mon enfant fait-il des fausses routes (orales ou nasales) en s'alimentant ?**

   Les fausses routes sont un indicateur de problèmes de déglutition ou de mauvaise coordination succion-déglutition-respiration.

7. **Mon enfant pleure-t-il si on lui touche le visage et/ou l'intérieur de la bouche ?**

   Cela peut être le signe de difficultés sensorielles.

8. **Dès 4 mois, mon enfant met-il des jouets buccaux adaptés à son âge en bouche ?**

   Avant la diversification, cette habitude exerce la sensorialité et la motricité. Son absence peut être le signe d'un trouble sensoriel.

9. **Si l'usage de la cuillère a été introduit, est-ce que mon enfant l'accepte ou continue-t-il à la repousser avec sa langue ?**

   Si votre enfant repousse la cuillère, cela peut signifier qu'il n'est peut-être pas prêt pour l'alimentation complémentaire, ou qu'il rencontre des difficultés d'ordre sensoriel ou encore que le réflexe de protrusion (sortie) de la langue n'est pas intégré.

10. **Avec les premiers morceaux, mon enfant fait-il des mouvements de malaxage avec sa bouche ?**

    L'absence de ces mouvements peut indiquer un retard dans l'apprentissage de la mastication.

11. **Mon enfant rencontre-t-il des difficultés durables avec les morceaux (il les recrache, a des haut-le-cœur) alors qu'il a plus de 18 mois ?**

    Si c'est le cas, il est important de consulter : cela peut être le signe de difficultés alimentaires dont il faut rechercher la cause (sensorielle, motrice, émotionnelle) avec l'aide d'un spécialiste.

12. **Vers 5 mois, mon enfant fait-il des vocalises et, vers 6 mois, babille-t-il ?**

    Les vocalises et le babillage sont des étapes importantes dans le développement du langage. Leur absence peut être le signe d'un trouble neurologique ou d'un trouble auditif. Si vous avez le moindre doute, consultez un médecin ORL, qui pourra faire passer un test audiométrique à votre enfant.

13. **Mon bébé vomit-il « en jet » immédiatement ou un peu après avoir consommé du lait maternel (ou une préparation commerciale pour nourrissons) ? Pleure-t-il ? Semble-t-il avoir mal ?**

Cela peut être le signe d'un reflux gastro-œsophagien (RGO) dont il faut rechercher la cause (allergie ou autre).

Pour terminer voici une question que l'on me pose souvent : « J'aimerais pouvoir introduire le biberon en prévision d'un mode de garde pour mon bébé allaité âgé de 4 mois, comment m'y prendre ? Je souhaite poursuivre mon allaitement en parallèle. »

Il existe des alternatives au biberon pour donner le lait en l'absence de la mère allaitante (dispositif d'aide à la lactation, Softcup®, Babycup®). Mais si vous n'avez pas d'autres choix que de donner le biberon, essayez de le faire donner par quelqu'un d'autre, sans que vous soyez à côté. Il est préférable que le biberon soit donné de façon physiologique (bébé semi-assis, biberon à l'horizontale) afin que le débit du biberon ne soit pas trop rapide, au plus proche de celui du sein maternel. Cela permet aussi d'éviter que le bébé développe une préférence pour le biberon, au détriment de l'allaitement au sein.

Les repères chronologiques donnés ici s'entendent en âge corrigé pour les enfants nés prématurément (par exemple, si votre bébé est né un mois avant le terme, considérez qu'à ses 6 mois de vie, il a 5 mois en âge corrigé).

CHAPITRE 3

S'alimenter : une expérience sensorielle

Quand ils ne dorment pas, les bébés sont de véritables aventuriers : ils ne pensent qu'à explorer le monde qui les entoure, et cela, même quand ils ne sont pas encore capables de se déplacer. Ils regardent autour d'eux, sont attirés par les bruits, les odeurs, les visages, les objets.

Pour nos petits explorateurs, le moment du repas est synonyme de multiples découvertes sensorielles : le goût du lait ou de nouveaux aliments, le contact avec la peau du parent qui les nourrit, l'odeur d'une purée, le bruit de la fin du biberon… autant d'expériences qui contribuent à affiner leurs cinq sens.

Les cinq sens

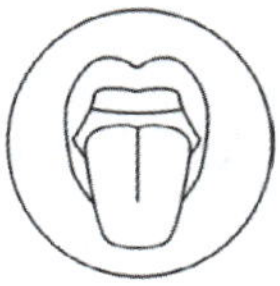

À la naissance, les **papilles gustatives** du bébé sont déjà très sensibles. Les enfants ont une préférence innée pour les saveurs douces et pour le sucre en général, contenu dans le liquide amniotique, le colostrum (le premier lait) et le lait maternel.

Le goût du lait maternel, en plus d'être sucré, a l'avantage de varier en fonction de ce que mange la mère. Chaque tétée offre donc des expériences gustatives différentes.

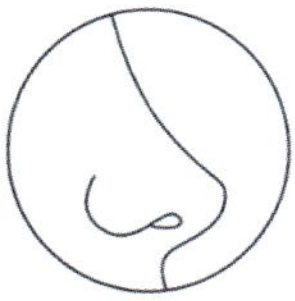

L'**odorat** est un autre sens très affiné dès la naissance. Dès les premiers jours, les bébés sont capables de reconnaître les odeurs de leurs parents, et cette reconnaissance joue un rôle apaisant. Elle façonne aussi la dimension affective de l'alimentation, car les bébés associent l'odeur du parent qui les nourrit à celle du lait ou des aliments. La vue des bébés étant encore peu développée, le sein maternel sera reconnu grâce à son odeur, rassurante car rappelant celle du liquide amniotique. C'est aussi pour cela qu'une odeur inhabituelle peut perturber le moment du repas.

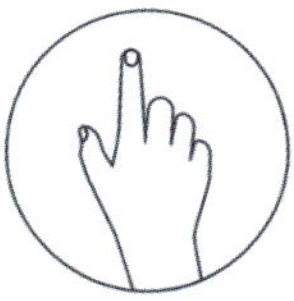

Dès la naissance, le **toucher** joue un rôle important, notamment par le biais du peau à peau, qui aide à réguler la température du bébé et son rythme cardiaque. Le contact tactile rassure le bébé et renforce le lien parent-enfant.

Dès qu'ils en auront la possibilité, les bébés s'efforceront d'attraper tout ce qui passera près de leurs délicates petites mains, pour le mettre ensuite à la bouche. Le lien main-bouche est très important dans l'alimentation et commence déjà à se développer *in utero* grâce au réflexe de Hooker : quand sa main passe devant sa bouche, le fœtus ouvre cette dernière. De plus, la langue et la main font partie de nos organes les mieux équipés en capteurs sensoriels. Il est donc logique que le bébé s'en serve pour découvrir le monde !

Les bébés expriment très tôt certaines préférences : certains apprécient des tétines plus souples tandis que d'autres privilégieront telle ou telle forme.

Un sens moins connu, mais crucial dans l'alimentation est celui de la proprioception, la perception de son corps dans l'espace. Par exemple, la perception de ce que l'on avale, de l'air qu'on respire.

La manière dont le bébé est installé pendant le repas joue aussi un rôle dans son expérience sensorielle. C'est pour cela que l'on conseille souvent de disposer un repose-pied sur les chaises hautes des enfants afin de leur permettre une bonne stabilité posturale.

Bien que la vision d'un nouveau-né soit limitée, elle possède tout de même une fonction dans l'alimentation : tout comme le contact tactile, la vision d'un visage familier contribue à apaiser le bébé pendant le repas (même s'il n'en voit pas les détails tout de suite, le bébé reconnaît très tôt les contours du visage de ses parents).

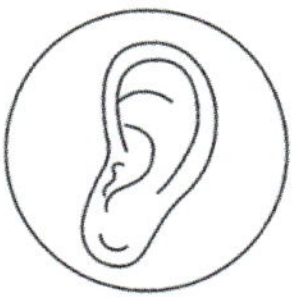

Enfin, l'ouïe peut aussi être stimulée pendant les repas : la voix chaleureuse du parent contribue à rendre ces moments agréables. De manière générale, les sons du quotidien, les voix parentales ou même les comptines (sur lesquelles j'insiste beaucoup dans ce livre) constituent des repères sonores qui aident l'enfant à se sentir en sécurité.

Quand les sens gênent l'alimentation

Les sens jouent certes un rôle décisif dans l'alimentation, mais ils peuvent aussi être à la source de certaines difficultés : l'hyporéactivité et l'hyperréactivité sensorielles orales.

Certains enfants ont un seuil de perception sensorielle trop élevé. Autrement dit, leur sensibilité orale est réduite, ce qui signifie qu'ils réagissent peu ou pas aux stimuli sensoriels dans leur bouche. Ils sont **hyporéactifs**. Ces enfants sont souvent en recherche constante de stimulation sensorielle.

Cela peut rendre l'alimentation ennuyeuse ou désagréable et peut conduire à des troubles alimentaires. Certains enfants recherchent des goûts intenses et refusent les aliments fades, ce qui peut entraîner des carences alimentaires ou des problèmes de poids.

À l'inverse, certains enfants ont un seuil de perception trop bas, ce qui signifie qu'ils perçoivent les sensations orales de manière exacerbée. Ils sont **hyperréactifs**. Chaque sensation gustative peut être ressentie très intensément, entraînant une appréhension, voire du dégoût pour la nourriture. Ces enfants peuvent développer de véritables aversions orales, où même la simple présentation de certains aliments peut provoquer des réactions fortes, telles que des haut-le-cœur, des vomissements, ou des réactions de fuite loin de la table.

Ce rejet de la nourriture restreint naturellement le panel alimentaire et nuit au développement des compétences oromotrices, car l'enfant explore moins l'alimentation.

Ces comportements sont la plupart du temps automatiques et inconscients, ce qui les rend plus difficiles à modifier.

Le lait maternel n'occasionne pas de rejet de la part de l'enfant, car son goût n'est pas entièrement nouveau, s'approchant de celui du colostrum et du liquide amniotique. En revanche, il est possible que le bébé mette du temps à s'habituer au goût et à l'odeur des préparations infantiles vendues dans le commerce, en particulier celles dont l'odeur est forte et le goût parfois amer.

Il est strictement déconseillé de sucrer le lait maternel ou les préparations commerciales pour nourrissons ou d'y ajouter du miel.

La consommation de miel avant l'âge d'un an expose au risque de botulisme (une maladie grave causée par l'action d'une toxine). Si votre enfant n'accepte pas les préparations commerciales pour nourrissons, demandez conseil à votre pédiatre. Il vous proposera peut-être, selon son âge, d'y ajouter un arôme ou du jus de cuisson des fruits et légumes que vous aurez préparé lors de la diversification.

Les « PETITS MANGEURS »

On a trop tendance à taxer de « petit mangeur » ou « d'enfant difficile » les enfants qui acceptent peu d'aliments. Mais un tel comportement alimentaire ne révèle pas nécessairement un goût restreint ni un faible appétit.

Le problème peut en réalité venir d'une hyperréactivité sensorielle : l'aliment déclenche un réflexe nauséeux en raison d'une trop grande sensibilité au niveau de la bouche. De la même façon, face à des enfants qui semblent toujours réticents à manger, un problème moteur (une faible motricité de la langue par exemple) n'est pas à exclure.

Quand consulter ?

Un trouble sensoriel est particulièrement préoccupant lorsqu'il devient chronique et impacte de manière durable les activités de la vie quotidienne, notamment l'alimentation, et ce, en dehors de toute maladie.

Vous pouvez alors vous tourner vers 3 types de spécialistes qui s'occupent de la prise en soin des troubles sensoriels liés à l'alimentation : l'orthophoniste, l'ergothérapeute et le kinésithérapeute.

Bien que ces professionnels suivent une formation initiale dans ce domaine, leur expertise peut varier en fonction des formations continues qu'ils ont suivies et de leur pratique. Alors essayez de vous renseigner au préalable.

MES ASTUCES

Pour mieux comprendre la relation sensorielle qu'entretient votre enfant avec l'alimentation, je vous propose ces petits tests que vous pouvez facilement réaliser avec lui.

- **L'ouïe : l'enfant peut-il supporter les bruits de vaisselle ou de cuisson des aliments ?**

  Observez comment votre enfant réagit aux bruits typiques de la cuisine. Si votre enfant montre des signes de gêne, cela peut indiquer une hyperréactivité auditive.

- **La vue : l'enfant tolère-t-il les aliments dans son assiette ou même ceux qu'ils voient dans la vôtre ?**

  Votre enfant grimace-t-il ou même pleure-t-il à la simple vue des aliments dans son assiette ? Vous pouvez varier les types d'aliments ou leur présentation pour voir si certains agencements ou couleurs déclenchent des réactions.

- **L'odorat : peut-il sentir l'aliment ?**

  Proposez à votre enfant de sentir l'odeur de sa nourriture en rapprochant l'assiette de son nez. Vous verrez rapidement s'il réagit par un rejet, voire un haut-le-cœur.

- **Le toucher : comment touche-t-il les aliments ?**

  Proposez à votre enfant de toucher l'aliment d'abord avec un doigt, puis de l'attraper avec ses mains. Que se passe-t-il lorsqu'il met l'aliment au contact de ses lèvres ?

  Comme toujours, essayez de varier les aliments (les goûts, les couleurs, les textures) pour évaluer ses réactions.

- **Le goût : peut-il toucher l'aliment du bout de sa langue ?**

  Invitez votre enfant à toucher l'aliment avec le bout de sa langue. Vous verrez ainsi s'il est curieux et avide d'expériences gustatives nouvelles ou si, au contraire, il bloque lors de cette étape.

Cuisiner avec votre enfant

Un bon moyen de réconcilier votre enfant avec la nourriture (ou tout simplement de lui faire apprécier les joies de la gastronomie !) est de préparer avec lui ses repas. Vous pouvez, par exemple, utiliser le portage (écharpe ou porte-bébé physiologique) pendant que vous découpez les carottes, ou bien éplucher les courgettes à côté de lui, pendant qu'il est sur son tapis d'éveil. Pour les plus grands, la tour d'exploration est très plébiscitée par les parents (et les enfants) !

Profitez-en pour lui faire sentir les aliments ou les épices que vous lui préparez. Vous pouvez aussi lui donner à manipuler des fruits ou légumes (en veillant à sa sécurité : on ne donne pas à un bébé un aliment qu'il pourrait avaler et qui pourrait obstruer sa trachée).

De manière générale, si vous faites la cuisine à côté de votre enfant, faites attention à conserver une bonne distance de sécurité en l'éloignant suffisamment des couteaux (et autres objets contondants) et de la zone de cuisson.

La présentation des plats

Votre tout-petit sera attiré par une assiette attrayante et colorée et par des aliments facilement identifiables. Cela explique le succès de la diversification menée par l'enfant (DME) ces dernières années !

Si vous optez pour la diversification classique avec des aliments mixés et lisses, vous pouvez varier les types de cuillères, leur forme et couleur. Il existe d'ailleurs des cuillères spéciales pour la diversification autonome (des « pré-cuillères ») : le bébé peut les porter lui-même à sa bouche et risque moins d'en renverser le contenu.

Si vous devez le nourrir à la cuillère, il est important de le faire participer en la lui présentant devant la bouche et en attendant qu'il ouvre cette dernière et l'avance pour gober son contenu.

Si vous privilégiez la DME, laissez faire votre enfant, c'est tout l'intérêt de cette technique (en respectant les règles de sécurité de la DME). Vous pouvez l'aider en déposant un aliment dans sa main s'il peine à l'attraper, mais ne le placez jamais directement dans sa bouche !

N'essuyez pas votre enfant après chaque bouchée et ne raclez pas le surplus sur ses lèvres avec la cuillère, cela pourrait perturber son repas.

Massages du visage

Vous pouvez vous référer aux différents massages de ce livre.

Tapotements du visage

Si votre bébé souffre d'un trouble sensoriel, il est possible qu'il refuse d'être massé au début. N'abandonnez pas. Je vous propose ici une alternative : des tapotements doux.

Sur l'air de Toc Toc Toc Tortue :

TOC TOC TOC

> Toc toc toc le front [*faire 3 tapotements doux avec votre index au milieu du front au rythme de la parole*]
>
> Où es-tu ? Où es-tu ? [*idem avec 3 tapotements pour chaque question. Vous pouvez vous déplacer sur le front.]*
>
> Toc toc toc le front [*3 tapotements, pas plus*]
>
> Tu es là soit le bienvenu ! [*3 tapotements*]
>
> Toc toc toc le nez [*3 tapotements sur le nez*]

> Où es-tu ? Où es-tu ? [*idem avec 3 tapotements pour chaque question. Vous pouvez vous déplacer sur le nez.*]
>
> Toc toc toc le nez [*3 tapotements sur le nez*]
>
> Tu es là soit le bienvenu ! [*3 tapotements sur le nez*]
>
> Toc toc toc les joues [*3 tapotements sur les joues*]
>
> Où êtes-vous ? Où êtes-vous ? [*idem avec 3 tapotements pour chaque question. Vous pouvez vous déplacer sur les joues.*]
>
> Toc toc toc les joues [*3 tapotements sur les joues*]
>
> Là aussi c'est tellement fou ! [*3 tapotements sur les joues*]

Une fois la comptine terminée, posez vos mains sur son torse habillé pour lui signifier la fin de la comptine.

Pour entendre cette comptine, scannez ce QR code :

http://lienmini.fr/63571-06

CHAPITRE 4

Nourrir avec amour :

Le lien émotionnel et affectif dans l'alimentation

La période des premiers mois de vie d'un bébé est un long moment de *cocooning* et de fusion affective entre le parent et l'enfant. En répondant de manière rapide et appropriée aux besoins fondamentaux du bébé, les parents construisent les premiers liens d'attachement et élaborent la relation de *caregiving* (les soins qu'apporte le parent à son enfant, lesquels sont essentiels à son bien-être et à son développement).

L'attachement joue un rôle primordial dans l'évolution psychologique et émotionnelle de l'enfant. Pour connaître un développement social et émotionnel harmonieux, le bébé a besoin de nouer une relation d'attachement stable avec au moins une personne qui prend soin de lui de façon continue et cohérente. Cette relation de confiance est cruciale pour lui fournir un sentiment de sécurité.

L'attachement est une relation à double sens : le bébé exprime ses besoins par des cris, des pleurs, des regards; le parent apprend progressivement à les comprendre et à y répondre.

Ces besoins sont multiples :

- besoins alimentaires et d'hydratation;
- besoin de câlins;

- besoins de sommeil ou de repos ;
- besoin de chaleur, ou au contraire, de fraîcheur ;
- douleur qui doit être apaisée ou inconfort.

Pourquoi l'alimentation n'est pas qu'un besoin physiologique

L'alimentation joue un rôle central dans la construction du lien d'attachement, en particulier pour les bébés allaités. Un bébé allaité va combler plusieurs de ses besoins grâce à la prise du sein :

- La **succion nutritive** permet de répondre aux besoins de faim et de soif.
- La **succion non nutritive**, dont le rythme est plus rapide et implique des pauses plus fréquentes, satisfait le besoin de réconfort, de proximité, ou le besoin d'être rassuré.

La proximité entre la mère et l'enfant, l'environnement chaleureux, ainsi que la sécurité affective sont des éléments essentiels pour favoriser la mise en place d'une lactation réussie.

À quelle ADRESSE ?

Il a été démontré que garder son nouveau-né proche du sein, selon l'expression popularisée par la sage-femme Suzanne Colson, « à la bonne adresse », dans une posture confortable pour la mère et le bébé, facilite non seulement la mise en place de l'allaitement, mais aussi l'expression des réflexes archaïques du bébé, qui sont cruciaux pour la succion et la prise de lait.

Mais l'alimentation, ce n'est pas seulement satisfaire un besoin. Le fait de manger devient aussi une source de plaisir, un plaisir partagé, qui se retrouve à table, lorsque l'on mange en famille ou entre amis.

En offrant à votre bébé un environnement sécurisant et confortable, vous contribuez non seulement à son bien-être immédiat, mais aussi à l'émergence d'une relation positive à l'alimentation. Ces premières expériences influencent profondément la manière dont le bébé abordera la nourriture tout au long de sa vie.

Au moment de la diversification

Au fil des mois, l'alimentation lactée va progressivement céder la place à l'alimentation solide, avec l'introduction de nouveaux aliments. Cette transition est une étape importante dans le développement de l'enfant, et il est essentiel que celle-ci se fasse en douceur, dans un climat de confiance et de sécurité.

Rappelons que la poursuite de l'alimentation lactée (lait maternel ou préparations commerciales pour nourrissons) est fortement recommandée pendant cette période de transition et au-delà.

Le plaisir partagé doit rester au cœur des repas, notamment lors de l'introduction de nouveaux aliments. C'est pourquoi il est recommandé d'**impliquer l'enfant dans des repas en famille, où il pourra observer, imiter et participer activement** à ce moment de convivialité.

Les difficultés alimentaires de nature émotionnelle

Lorsque l'enfant ne se sent pas en confiance pendant les repas ou qu'il est soumis au stress, cela peut entraîner l'apparition de troubles alimentaires. L'une des manifestations les plus courantes de ce stress est la présence d'un **réflexe nauséeux**.

Il s'agit d'un réflexe protecteur naturel, qui dure tout au long de la vie. Mais chez certains enfants, il peut être exacerbé par un environnement stressant ou des émotions négatives. Cela peut se traduire par des haut-le-cœur ou des vomissements fréquents lors des repas, surtout lorsqu'un aliment est perçu comme désagréable. L'enfant peut avoir un réflexe nauséeux simplement à la vue ou à l'évocation d'un aliment qu'il n'apprécie pas.

Pour aider l'enfant à se détendre, les massages du visage et des mains peuvent être une excellente pratique (voir la partie « Mes astuces », page 68).

Le lien MAIN-BOUCHE

Le lien entre la bouche et les mains existe *in utero* et se prolonge à la naissance, notamment à travers le **réflexe palmo-mentonnier**. Ce réflexe, observé chez les nouveau-nés, consiste à tourner la tête et à ouvrir la bouche lorsque la paume de la main est stimulée. Ce lien étroit entre la bouche et les mains se prolonge bien après l'intégration de ce réflexe.

Des études en imagerie cérébrale ont montré que certains mouvements de la langue et de la main activent les mêmes régions du cerveau. Cela montre que les aires sensorielles et motrices de la main et du visage sont interconnectées et très développées au niveau cérébral.

Ainsi, en détendant les mains et le visage, on peut indirectement améliorer l'expérience alimentaire de l'enfant, en réduisant ses tensions émotionnelles.

Le stress des parents

Lorsque le bébé éprouve des difficultés à s'alimenter, en particulier en raison d'un trouble de la succion, un stress important peut apparaître chez les parents.

Chaque tétée peut devenir une source d'angoisse et de frustration.

Les parents appréhendent chaque repas. Cette anticipation anxieuse peut parfois persister au-delà de la période d'alimentation lactée et se prolonger lors de l'introduction de l'alimentation solide.

Et évidemment, le stress des parents peut se répercuter sur le bébé, enclenchant ainsi un cercle vicieux :

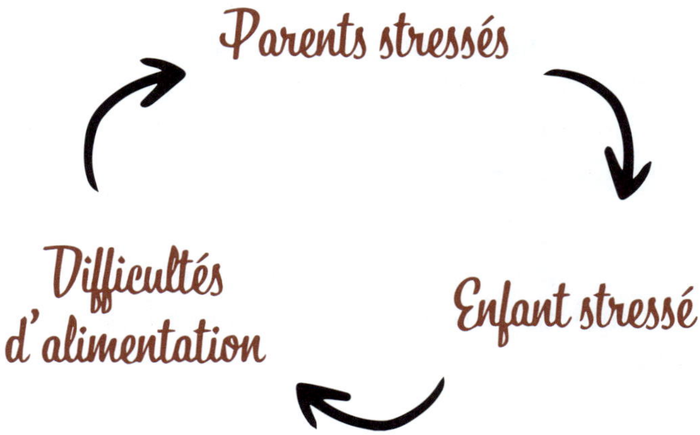

Dans ce contexte, une intervention précoce prend tout son sens. Plus vite les difficultés alimentaires émotionnelles sont prises en charge, plus il est possible d'éviter qu'elles ne se transforment en troubles alimentaires et que le stress lié aux repas ne devienne un facteur constant dans la vie de l'enfant et de sa famille.

Quels professionnels peuvent vous aider ?

Si votre enfant a du mal à manger et que le problème semble être d'ordre émotionnel, il existe aussi des professionnels formés dans ce domaine qui pourront vous aider. Et si c'est plutôt vous qui avez du mal à gérer émotionnellement les difficultés que rencontre votre enfant, n'hésitez pas non plus à vous faire aider. On ne sort pas toujours tout seul d'une situation difficile.

Et même si l'on peut y parvenir tout seul, autant se faciliter la tâche et éviter que cette mauvaise période dure trop longtemps !

Voici donc les professionnels qui pourront vous apporter un soutien précieux :

1. **Les psychologues**

Les psychologues peuvent vous accompagner si vous ressentez le besoin d'être écouté, conseillé ou soutenu face aux difficultés que vous traversez.

2. **Les rééducateurs**

Les rééducateurs tels que les **orthophonistes**, **kinésithérapeutes**, et **ergothérapeutes**, jouent un rôle clé dans la prise en soin des troubles alimentaires. Ils sont formés à identifier et traiter les difficultés sensorimotrices qui peuvent être associées à l'alimentation, mais pas uniquement : ils maîtrisent souvent des techniques de relaxation, utiles pour détendre l'enfant et favoriser une meilleure expérience lors des repas.

Le **psychomotricien** est un autre professionnel de la rééducation que vous pouvez consulter. Spécialisé dans le développement moteur et l'équilibre psychoaffectif, il aide les enfants à gérer leurs angoisses face à l'alimentation tout en travaillant sur les compétences motrices nécessaires à l'action de manger.

3. **Les professionnels de soutien à la parentalité**

Vous pouvez également vous tourner vers des professionnels de soutien à la parentalité, sans qu'ils relèvent de professions médicales ou paramédicales. Parmi ces professionnels, on retrouve :

- Les **doulas**, qui apportent un soutien émotionnel et pratique avant, pendant et après l'accouchement.
- Les **conseillers en allaitement**, qui vous guident pour réussir votre expérience d'allaitement.
- Les **accompagnants en parentalité/périnatalité**, qui vous conseillent pendant les premiers mois avec votre bébé.
- Les **consultants en sommeil**, qui vous aident à mieux comprendre le sommeil de votre bébé et à instaurer des routines pour le favoriser.

Bien que ces professionnels puissent être d'un précieux soutien pour les parents, sachez qu'ils ne sont pas des soignants au sens strict et ne peuvent donc pas proposer de soins médicaux ni de rééducation. Ces métiers ne sont pas régis par des diplômes d'État ou des certificats universitaires, mais certains professionnels peuvent avoir suivi des formations spécifiques pour mieux vous accompagner. Ils se distinguent par leur écoute, leur bienveillance, et leur empathie, tout en étant capables de vous orienter vers des soignants lorsque cela s'avère nécessaire.

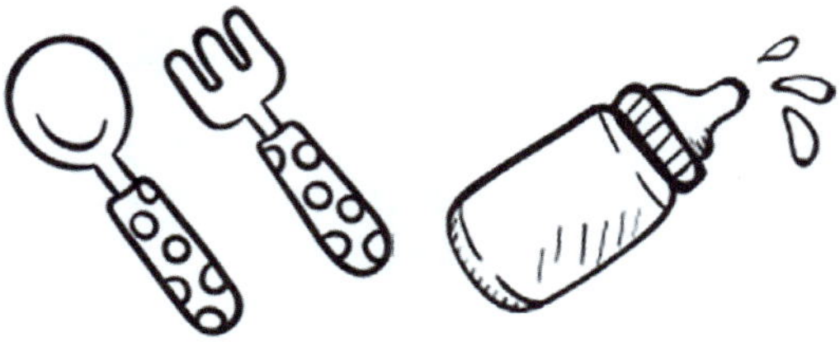

En cas de trouble alimentaire pédiatrique, je vous encourage vivement à vous entourer de plusieurs professionnels de santé aux compétences complémentaires. Je sais bien que les emplois du temps et le coût des séances de soin rendent parfois difficile un suivi pluridisciplinaire. L'essentiel est que vous puissiez consulter, en plus du médecin traitant de votre enfant, au moins un rééducateur compétent et expérimenté dans la prise en soin de ces troubles, la rééducation sensorielle et motrice des troubles alimentaires étant aujourd'hui le traitement le plus efficace.

MES ASTUCES

Rien de tel qu'un petit massage avant le moment du repas. Votre bébé l'abordera avec plus de sérénité, et moins de tension émotionnelle.

Massage du visage

Pour le massage du visage, vous pouvez vous référer au massage expliqué à la page 68 de cet ouvrage.

Massage du corps (sur l'air de « Elle a mangé les choux la chèvre »)

JE FAIS LE TOUR[2]

> Je fais le tour de ton petit ventre [*masser doucement le ventre avec la paume de la main dans le sens des aiguilles d'une montre, en partant du nombril*]
>
> Je fais le tour [*terminer le tour en escargot*]

---

2. Ce massage est inspiré des *Activités d'IMP – Intégration Motrice Primordiale & réflexes archaïques* (éditions Ressources Primordiales, juillet 2022 : https://cfparp.pikapod.net/s/zTM4FY2MdZNbQmy).

Le bras gauche vers les doigts [*en partant du nombril, lisser la peau jusqu'à l'épaule, puis jusqu'au bras et à la main. Revenir ensuite au nombril. Faire ce mouvement à une main, l'autre reste sur le nombril*]

La jambe gauche on y va [*lisser la peau en partant du nombril jusqu'aux orteils, puis revenir au nombril. Effectuer ce mouvement à une main, l'autre reste sur le nombril*]

Le bras droit vers les doigts [*idem avec le bras droit*]

La jambe droite on y va [idem avec la jambe droite]

Et puis c'est fini

Pour entendre cette comptine, scannez ce QR code :

http://lienmini.fr/63571-07

Massage des mains (sur l'air de « Ah ! Vous dirai-je maman », lentement)

LE CHEMIN SUR LA MAIN

Montre-moi ta petite main [*prendre la main de l'enfant*]

Pour dessiner un chemin

> Des petits ronds dans la paume [*tracer des cercles dans la paume de la main de l'enfant*]
>
> Des petits traits sur les doigts [*presser doucement chaque doigt d'une main entre votre pouce et votre index et lisser vers chaque ongle*]
>
> Maintenant mon p'tit soleil [*tracer des cercles dans la paume de l'autre main de l'enfant*]
>
> Sur l'autre main je fais pareil [*idem avec les doigts de l'autre main : presser doucement chaque doigt entre votre pouce et votre index et lisser vers chaque ongle*]

Pour entendre cette comptine, scannez ce QR code :

http://lienmini.fr/63571-08

CHAPITRE 5

Et si c'était une allergie alimentaire ?

Certaines difficultés alimentaires chez les bébés peuvent persister malgré une prise en soin sensorimotrice ou des consultations avec plusieurs spécialistes. Dans certains cas, ces troubles peuvent être le signe d'une allergie alimentaire. Les bébés concernés pleurent et demeurent inconsolables, et malgré les interventions, des difficultés lors des repas continuent de se manifester.

Ces difficultés peuvent inclure des **régurgitations** (en général douloureuses), des **vomissements**, de la **constipation**, des **diarrhées**, des **coliques**, mais aussi des **symptômes cutanés** (comme l'eczéma), ou encore **respiratoires** (comme une toux sèche) ou **ORL** (comme un encombrement nasal). Ces réactions peuvent survenir immédiatement après l'ingestion d'un aliment, mais aussi plusieurs heures, voire plusieurs jours après. Le délai d'apparition et la nature des symptômes peuvent aider à distinguer le type d'allergie en cause :

- Lorsqu'un bébé présente des symptômes immédiatement après avoir ingéré un aliment (entre quelques minutes et une heure après), il s'agit généralement d'une allergie IgE-médiée. Ce type d'allergie est plus aisément diagnostiqué en raison de la rapidité des symptômes : en général, le bébé se couvre d'urticaire. D'autres signes peuvent apparaître : vomissements immédiats souvent importants, signes respiratoires (pouvant aller jusqu'à une détresse respiratoire) ou plus rarement une hypotension.

- Quand les symptômes apparaissent de façon retardée (quelques heures, et souvent plusieurs jours après), on dit qu'elle est de type IgE-non médiée. Ces symptômes sont essentiellement digestifs (reflux gastro-œsophagien, voire régurgitations, troubles du transit intestinal, douleurs abdominales, avec parfois un léger eczéma).

L'allergie aux protéines de lait de vache

L'allergie aux protéines de lait de vache (APLV) est l'allergie alimentaire la plus fréquente chez le nourrisson. Elle peut être IgE-médiée ou non IgE-médiée. Elle est en augmentation ces dernières années chez les jeunes enfants.

L'APLV se manifeste généralement avant l'âge de 6 mois, car le lait est le premier aliment introduit dans l'alimentation du nourrisson.

Il est crucial de diagnostiquer et de traiter rapidement l'APLV, car elle entraîne des symptômes désagréables qui peuvent fortement perturber l'alimentation du bébé.

L'APLV est plus fréquente sous sa forme non IgE-médiée. Contrairement à l'APLV IgE-médiée, la réaction est retardée, avec des symptômes qui apparaissent quelques heures, voire plusieurs jours ou semaines après l'ingestion de protéines de lait de vache, ce qui rend son diagnostic et sa prise en soin peu aisés.

Dans quel lait?

Les protéines de lait de vache (PLV) sont présentes dans la majorité des préparations commerciales pour nourrissons, mais on peut aussi les trouver dans le lait maternel, si la mère consomme des produits laitiers. En effet, les PLV ingérées par la maman peuvent passer dans son lait, et des traces de PLV peuvent y être trouvées jusqu'à 72 heures après l'ingestion.

Cela signifie que même les bébés exclusivement allaités peuvent manifester des symptômes d'APLV si la mère consomme des produits laitiers.

Les symptômes

Les symptômes de l'allergie aux protéines de lait de vache (APLV) peuvent être nombreux :

- reflux gastro-œsophagien (RGO) ;
- régurgitations ;
- sang dans les selles ;

- troubles du transit intestinal ;
- douleurs au niveau de l'abdomen ;
- fatigue ;
- pâleur ;
- (dans certains cas) retard de croissance.

Si vous constatez ces symptômes, consultez un allergologue ou un gastropédiatre.

Un test cutané est disponible pour la forme immédiate d'allergie. En revanche, à ce jour, aucun test cutané ne permet de diagnostiquer de façon certaine l'APLV retardée. Le diagnostic repose sur une anamnèse détaillée du nourrisson, avec un recueil précis des symptômes. Ensuite, **une éviction stricte des protéines de lait de vache est nécessaire pendant au moins un mois**, suivie d'une réintroduction pour observer si les symptômes réapparaissent. Cette réintroduction n'est pas obligatoire si l'amélioration de l'état du bébé est significative, elle pourra être décalée à ses 9 mois au moment où la guérison est possible.

Si le bébé est allaité, il faudra que la maman supprime les protéines de lait de vache de son alimentation (contenues dans le lait, mais aussi le beurre, le fromage et toute préparation à base de lait de vache). Une supplémentation en calcium est généralement recommandée pour compenser l'absence de produits laitiers.

Si l'enfant est nourri avec une préparation commerciale pour nourrissons, une préparation avec des protéines de lait de vache hydrolysées de façon extensive lui sera proposé après avis médical.

Dans le cadre d'une éviction stricte des protéines de lait de vache, il est recommandé aux mamans allaitantes d'éviter également de consommer des aliments provoquant un risque d'allergies croisées. Cela inclut :

- le lait de chèvre et le lait de brebis ;
- la protéine de soja.

Et le RGO dans tout cela ?

Le reflux gastro-œsophagien (RGO) est l'un des symptômes courants associés à l'allergie aux protéines de lait de vache (APLV), surtout lorsqu'il se manifeste par des régurgitations visibles. Mais la plupart du temps, ce reflux est invisible car interne. Les symptômes suivants peuvent faire suspecter un reflux interne : douleur, mâchonnement, inconfort, balance de la tête, difficultés pour être allongé, besoin d'être dans les bras…

Mais le RGO est un phénomène physiologique fréquent chez les nourrissons, et dans la majorité des cas, il n'est pas pathologique. Il s'agit de la remontée involontaire du contenu de l'estomac dans l'œsophage (accompagnée ou non de régurgitations). Il devient pathologique lorsqu'il est douloureux et affecte la qualité de vie.

Dans le cadre d'une APLV diagnostiquée grâce au test d'éviction-réintroduction, on recommande d'arrêter de consommer des protéines de lait de vache pendant au moins 6 mois. Cette éviction vise à soulager les symptômes, y compris le RGO, qui peut être exacerbé par la consommation de ces protéines laitières.

Mais maintenir une éviction peut entraîner des conséquences nutritionnelles importantes, c'est pourquoi il est recommandé de procéder à une réintroduction progressive des protéines de lait de vache sous la supervision d'un professionnel de santé, en général un allergologue ou un gastropédiatre, dès l'âge d'un an. Plus de 80 % des enfants atteints de ce type d'allergie deviennent tolérants aux protéines de lait de vache à 3 ans, avec une majorité d'entre eux dès l'âge d'un an.

Bibliographie

Acher, A., & Jimenez, F. (2024). Les troubles alimentaires chez le bébé allaité. *Rééducation Orthophonique*, (296), Ortho Édition.

Acher, A., & Lubszynski, C. (2023). *La succion du bébé* [Affiche]. Éditions Mot Clé.

Alghadir, A. H., Zafar, H., & Iqbal, Z. A. (2015). Effect of tongue position on postural stability during quiet standing in healthy young males. *Somatosensory & Motor Research*, 32(3), 183-186.

Baxter, R. (2018). *Frein de Langue*. Alabama Tongue-Tie Center.

Bayot, I. (2018). *Le quatrième trimestre de la grossesse*. Éditions Erès.

Breard, M. (en cours). Incidence de l'allergie aux protéines de lait de vache dans le diagnostic et la prise en soin des patients présentant des troubles alimentaires pédiatriques : état des lieux des connaissances, besoins et pratiques des orthophonistes en France [Mémoire d'orthophonie, Université Claude Bernard Lyon 1]. Sous la direction de Acher, A., orthophoniste et Grondin, C., pédiatre allergologue.

Borsa, L., Estève, D., Charavet, C., & Lupi, L. (2023). Malocclusions and oral dysfunctions: A comprehensive epidemiological study on 359 schoolchildren in France. *Clinical and Experimental Dental Research*, 9(2), 332-340.

Caloway, C., Hersh, C. J., Baars, R., Sally, S., Diercks, G., & Hartnick, C. J. (2019). Association of feeding evaluation with frenotomy rates in infants with breastfeeding difficulties. *JAMA Otolaryngology–Head & Neck Surgery*, 145(9), 817–822.

Colson, S. (2021). *L'allaitement instinctif. Biological Nurturing*. Ressources Primordiales.

D'Anzi, J. (2024). L'hygiène nasale au sein de la pratique orthophonique pour prévenir la respiration buccale : état des lieux et élaboration d'un support d'information à destination des orthophonistes [Mémoire d'orthophonie, Université Claude Bernard Lyon 1]. Sous la direction de Acher, A., et Monnet, E., orthophonistes.

Ferrés-Amat, E., Pastor-Vera, T., Rodriguez-Alessi, P., Ferrés-Amat, E., Mareque-Bueno, J., & Ferrés-Padró, E. (2017). The prevalence of ankyloglossia in 302 newborns with breastfeeding problems and sucking difficulties in Barcelona: A descriptive study. *European Journal of Paediatric Dentistry*, 18(4), 319-325.

Fournier, M. (2008). Tongue and posture. *Journal of Dentofacial Anomalies and Orthodontics*, 11(4), 247-256.

Genna, C. W., Saperstein, Y., Siegel, S. A., Laine, A. F., & Elad, D. (2021). Quantitative imaging of tongue kinematics during infant feeding and adult swallowing reveals highly conserved patterns. *Physiological Reports*, 9(3), e14720.

Goday, P. S., Huh, S. Y., Silverman, A., Lukens, C. T., Dodrill, P., Cohen, S. S., Delaney, A. L., Feuling, M. B., Noel, R. J., Gisel, E., Kenzer, A., Kessler, D. B., Kraus de Camargo, O., Browne, J., & Phalen, J. A. (2019). Pediatric feeding disorder. *Journal of Pediatric Gastroenterology and Nutrition*, 68(1), 124-129.

González Garrido, M. D. P., Garcia-Munoz, C., Rodríguez-Huguet, M., Martin-Vega, F. J., Gonzalez-Medina,

G., & Vinolo-Gil, M. J. (2022). Effectiveness of myofunctional therapy in ankyloglossia: A systematic review. *International Journal of Environmental Research and Public Health*, 19(19), 12347.

Grevesse, P., Winghem, J. V., Franck, L., Dassy, M., Cormann, N., Charlier, D., & Hermans, D. (2020). Le trouble alimentaire pédiatrique. *Percentile*, 25(2), 12-15.

Guillot, C. (2018). *Manuel très illustré d'allaitement*. Éditions Fi.

Humphrey, T. (1978). Function of the nervous system during prenatal life. In U. Stave (Ed.), *Perinatal Physiology* (pp. 469-481). Springer.

Ingram, J., Copeland, M., Johnson, D., et al. (2019). The development and evaluation of a picture tongue assessment tool for tongue-tie in breastfed babies (TABBY). *International Breastfeeding Journal*, 14(31),

Lecoufle, A. (2020). Le bilan orthophonique des fonctions alimentaires du nourrisson (0-6 mois). *Rééducation orthophonique : le bilan orthophonique*, 281, 7-32.

Lecoufle, A. (2023). Les pathologies digestives chez le nourrisson : Quelle prise en soin en orthophonie ? *Rééducation orthophonique : les difficultés alimentaires du nourrisson et du jeune enfant*, 296, 77-90.

Lecoufle, A., & Lesecq-Lambre, E. (2023). Les thérapies sensorielles dans l'alimentation chez le jeune enfant qui présente un trouble alimentaire pédiatrique. *Rééducation orthophonique : les difficultés alimentaires du nourrisson et du jeune enfant*, 296, 243-260.

Liesens, S., D'Houwer, L., Denis, L., Pirard, B., & Muller, A.-S. (2024). Les fonctions oro-myofaciales au service de l'alimentation. *Rééducation Orthophonique*, (296), Ortho Édition.

Meltzoff, A. N., & Moore, M. K. (1977). Imitation of facial and manual gestures by human neonates. *Science*, 198(4312), 75-78.

Milano, K., Chatoor, I., & Kerzner, B. (2019). A Functional Approach to Feeding Difficulties in Children. *Current Gastroenterology Reports, 21*(10), 51.

Mills, N., Keough, N., Geddes, D. T., Pransky, S. M., & Mirjalili, S. A. (2019). Defining the anatomy of the neonatal lingual frenulum. *Clinical Anatomy*, 32(6), 824-835.

Renault, F. (2011). Troubles de succion déglutition du nouveau-né et du nourrisson. EMC – Pédiatrie – Maladies infectieuses, 6(4), 1-8. https://doi.org/10.1016/S1879-4723(11)70968-9

Ruffier-Bourdet, M. (2023). *Le Grand guide de la DME.* Marabout.

Thibault, C. (2017). *Orthophonie et oralité, La sphère oro-faciale de l'enfant*. Elsevier Masson.

Tsui, B. C. H. (2011). Physiological considerations related to the pediatric airway. Canadian Journal of Anesthesia/Journal canadien d'anesthésie, 58(4), 476-477. https://doi.org/10.1007/s12630-011-9489-0

Zaghi, S., Valcu-Pinkerton, S., Jabara, M., Norouz-Knutsen, L., Govardhan, C., Moeller, J., Sinkus, V., Thorsen, R. S., Downing, V., Camacho, M., Yoon, A., Hang, W. M., Hockel, B., Guilleminault, C., & Liu, S. Y. (2019). Lingual frenuloplasty with myofunctional therapy: Exploring safety and efficacy in 348 cases. Laryngoscope Investigative Otolaryngology, 4(5), 489-496.

Remerciements

À mes patients pour tout ce que j'apprends à vos côtés, c'est tellement gratifiant de voir votre investissement au quotidien pour progresser, en famille. Vos progrès sont ma plus belle victoire.

Au formidable réseau professionnel et associatif que j'ai la chance de côtoyer au quotidien, aux collègues qui me soutiennent dans mes aventures, merci à ceux qui ont accepté de relire certains chapitres de ce livre ; merci aussi aux organismes de formation qui me font confiance pour former mes pairs.

À mes followers, merci pour vos encouragements et votre soutien, merci d'avoir répondu présent pour faire grandir la communauté @Orthophodrey, je souhaite vivement que ce livre puisse être un outil au quotidien pour les professionnels et les jeunes parents.

À mes amis, là dans les moments de joie mais aussi de doute, merci pour votre écoute.

À mon éditeur, merci de la confiance accordée pour cet ouvrage, je suis tellement reconnaissante d'avoir eu la chance de pouvoir réaliser ce beau projet et d'avoir été si bien accompagnée.

À mes parents, pour la curiosité intellectuelle qu'ils m'ont transmise ; papa, tu vois, je suis un peu comme toi, touche à tout, voyageuse, j'ai pris des chemins détournés pour y arriver mais maintenant je suis arrivée à bon port ; maman, tu vois, je n'ai pas toujours pris le chemin que tu aurais souhaité, mais tu as su comprendre mes choix, merci pour la relecture méticuleuse de ce livre.

À mes enfants, mes rêveurs, mes compagnons de jeu, vous êtes le témoin de mon intensité et de mon hypersensibilité, vous êtes sans le savoir le moteur de mes projets, je vous aime tellement, vous êtes ma plus grande richesse.

À toi qui es à mes côtés, vivant au quotidien mes coups de folie et mes coups de speed et de spleen, tu me donnes le courage d'aller toujours de l'avant et de ne jamais avoir peur.

Dépôt légal : janvier 2025 – N° éditeur : DBSSI20240099 - N° Imprimeur : 112480164

Achevé d'imprimer en décembre 2024 en France par Présence Graphique - Monts

IMPRIM'VERT

PEFC

10-31-2677

FABRIQUÉ EN FRANCE